Cuaderno II

EL TESTAMENTO:
EL CONTENIDO DE LA INSTITUCIÓN.
SU INEFICACIA. EJECUCIÓN.
LA DEFENSA DEL DERECHO HEREDITARIO.
LA SUCESIÓN INTESTADA Y CONTRACTUAL

COLECCIÓN JURÍDICA BOLONIA

CUADERNOS TEÓRICOS
Derecho Sucesorio

Cuaderno II

EL TESTAMENTO: EL CONTENIDO DE LA INSTITUCIÓN. SU INEFICACIA. EJECUCIÓN. LA DEFENSA DEL DERECHO HEREDITARIO. LA SUCESIÓN INTESTADA Y CONTRACTUAL

2ª Edición

Dr. Francisco Lledó Yagüe

Catedrático de Derecho Civil de la Universidad de Deusto

Dr. Óscar Monje Balmaseda

Profesor titular de Derecho Civil de la Universidad de Deusto

Dra. Ana Isabel Herrán Ortiz

Profesora titular de Derecho Civil de la Universidad de Deusto

Dra. Ainhoa Gutiérrez Barrenengoa

Profesora titular de Derecho Procesal de la Universidad de Deusto

Dr. Andrés Urrutia Badiola

Profesor de Derecho Civil de la Universidad de Deusto. Notario

Dykinson, S.L.

Este libro ha sido sometido a evaluación por parte de nuestro Consejo Editorial
Para mayor información, véase *www.dykinson.com/quienes_somos*

COLECCIÓN
CUADERNOS TEÓRICOS
DERECHO SUCESORIO

Francisco Lledó Yagüe
(Director)
Óscar Monje Balmaseda
(Coordinador)

Redacción de temas 1, 4, 6 y 7: Andrés Urrutia Badiola
Redacción de tema 3: Francisco Lledó Yagüe
Redacción de temas 4, 5 y 8: Ana Isabel Herrán Ortiz
Redacción de tema 9: Óscar Monje Balmaseda y Ainhoa Gutiérrez Barrenengoa
Redacción de tema 10: Ainhoa Gutiérrez Barrenengoa

Editorial DYKINSON, S.L.
Meléndez Valdés, 61 - 28015 Madrid
Teléfono (+34) 915442846 - (+34) 915442869
e-mail: info@dykinson.com
http://www.dykinson.es
http://www.dykinson.com

ISBN: 978-84-9148-175-1
Depósito Legal: M-9705-2017

Preimpresión:
Besing Servicios Gráficos, S.L.
Correo electrónico: besingsg@gmail.com

ÍNDICE

CAPÍTULO 2
LAS CLASES DE TESTAMENTOS

CAPÍTULO 4
LOS LEGADOS

CAPÍTULO 5
LAS SUSTITUCIONES HEREDITARIAS

CAPÍTULO 6
LA INEFICACIA DEL TESTAMENTO

CAPÍTULO 7
LA EJECUCIÓN DEL TESTAMENTO: EL ALBACEAZGO

CAPÍTULO 9
LA ENAJENACIÓN O CESIÓN DE LA HERENCIA

CAPÍTULO 10
LA ACCIÓN DE PETICIÓN DE HERENCIA

PRÓLOGO

Con estas líneas queremos justificar los autores el interés en la actualización y puesta al día, después de las últimas modificaciones legislativas, (sobre todo con la nueva Ley de Jurisdicción Voluntaria, Ley 15/2015 de 2 de julio) del Derecho de Sucesiones.

Éste es un sector del ordenamiento jurídico que desde las trascendentales reformas llevadas a cabo en 1981, hasta el momento presente ha sufrido intensas y extensas modificaciones, en aras a trasladar una actualización o "aggiornamento", de los mecanismos sucesorios a una realidad social familiar que ha sufrida hondas y profundas transformaciones, acomodándose a una sociología y "situaciones jurídicas" bien diferentes al concepto arcaico y plenamente superado de la "familia romana". Así se ha dicho, y con razón, y nos remitimos a nuestro compañero, maestro y buen amigo LUNA SERRANO, A. que el ámbito del Derecho de Sucesiones ha sufrido notables novedades, en razón de la exclusión de ciertas posibilidades técnicas, que han cambiado el ámbito del Derecho de familia, sobre todo en la disciplina matrimonial y en la filiación. De modo y manera, (insistimos por nuestra parte) que estos cambios obligarán a una renovación de conceptos e instituciones sucesorias, modificando al compás del principio o postulado de la "igualdad", innumerables preceptos, del Código Civil, que no podían sustentarse "constitucionalmente", con un talante y literalidad discriminatorio y desigual.

De ahí que con un tratamiento didáctico y una sistemática clarificadora se pretende que el contenido de la materia que examina y estudia el alumno le acerque a una comprensión inteligible del fenómeno sucesorio, y la trascendencia que tiene que comprender, entender y aplicar correctamente los mecanismos e instituciones sucesorias desde el momento de la apertura de la sucesión, hasta el momento de la liquidación y adjudicación en la partición de los bienes hereditarios.

La muerte de una persona es un hecho desgraciado y desolador; en el plano físico de desaparición y "suspensión activa", que no olvido, de las relaciones afectivas, pero en la frialdad aséptica del mundo del Derecho, no deja de ser un "hecho jurídico", que el ordenamiento contempla con una serie de inevitables consecuencias, también jurídicas para aquellos que sobreviven y reciben los bienes como herederos (después de adquirir este título sucesorio, después de una aceptación).

Exactamente los bienes, derechos y acciones que en vida del difunto fueron patrimonio, al morir se transforman en herencia, que recibirán quienes acrediten la posesión de un título hereditario de sucesor (no contradicho y vigente). Y es así porque nuestro sistema jurídico acepta constitucionalmente el significado de la transmisión de la herencia y no permite que fueran los bienes "res nullius" a merced del primer ocupante que los poseyese; sino que en la concepción jurídica nuestra (heredada del Derecho romano), el sucesor –heredero y/o legatario– ocupa el puesto del difunto, y como consecuencia de esta "subrogación" recibe el caudal "relicto", y con él los bienes, y lógicamente las deudas y obligaciones que pesaban "pasivamente..." en el causante.

En fin, si el plan "Bolonia" pretende implementar en el alumno un nivel de aprendizaje y destreza hábiles para comprender no sólo en la teoría (a veces excesivamente abstracta y elucubrativa), sino en la práctica la utilidad, y el manejo de los conceptos, en este caso "sucesorios", concluiremos que estos "Cuadernos Sucesorios" cumplen sobradamente con esta función. Ya que intentamos que el alumno se familiarice con las instituciones sucesorias, con una enseñanza útil, instructiva, pero siempre "incitando y excitando" el interés en comprender el significado de la materia, en una palabra, entender lo que quiso el causante (que ahora no está –ha extinguido su personalidad, con la muerte– y no nos puede dar una "interpretación auténtica...", o bien murió olvidándose de regular el fenómeno de la sucesión, y en su defecto el legislador brinda la solución de la sucesión abintestato, si hay parientes hasta el cuarto grado) y si no, siempre nos quedará (no París como en la peñícula de Casablanca) sino el Estado que recogerá los bienes (a beneficio de inventario, porque no acepta asumir cargas u obligaciones, sino el activo, aunque fuera residual).

En fin, y para concluir, la finalidad de estos Cuadernos de la que nos sentimos satisfechos los "autores", no pretende otro objetivo que "contagiar" el interés del alumno por entender la trascendencia jurídica del fenómeno de la sucesión *mortis causa*, y con él entender su sentido y aplicación en el intrincado mundo de los vivos, a la hora de decidirse a aceptar la herencia y desencadenar el sugerente estudio de la puesta en "valor" (mejor en práctica) de la comprensión de los conceptos jurídicos sucesorios, que le llevan a adiestrarse con un talante crítico, y con una opinión jurídica "razonada y razonable", tanto ahora para su obtención del "grado en Derecho", como después en su ojalá que exitoso "devenir profesional"

Francisco Lledó Yagüe
Catedrático de Derecho Civil y abogado
Bilbao, 15 de marzo de 2017

CAPÍTULO 1
LA DELACIÓN TESTAMENTARIA. EL TESTAMENTO COMO NEGOCIO JURÍDICO Y LA CAPACIDAD PARA TESTAR

1. CONCEPTO Y NATURALEZA

El Código Civil recoge el concepto legal del testamento en el art. 667 CC:

> *El acto por el cual una persona dispone para después de su muerte de todos sus bienes o de parte de ellos, se llama testamento.*

La mayoría de la doctrina coincide en que el testamento es un negocio jurídico, ya que contiene una declaración de voluntad de la persona dirigida a producir efectos jurídicos. Dado que dichos efectos se producirán a la muerte de su autor, habrá que añadir que dicho negocio jurídico es *mortis causa.*

El Tribunal Supremo ha calificado el testamento, en diferentes pronunciamientos, como acto y como negocio jurídico (SSTS de 8 de julio de 1940, 24 de noviembre de 1958, 12 de noviembre de 1964, etc.).

2. CARACTERES

De acuerdo con lo establecido por el CC, las notas que caracterizan el testamento son:

1. Es un acto jurídico *mortis causa.* Así lo dispone el art. 667 CC, por cuanto que el testamento se otorga en contemplación al hecho de la muerte y para desplegar efectos después de ella.

2. Es *unilateral*, por cuanto a su otorgamiento no concurre sino el testador, cuya declaración de voluntad es eficaz por sí sola. La declaración de voluntad que incorpora el testamento no es recepticia. Cuestión diferente es que la aceptación de lo dispuesto en el testamento sea necesaria para la adquisición de los bienes hereditarios.

3. Es *individual*, ya que el art. 669 CC dispone:

> *No podrán testar dos o más personas mancomunadamente, en un mismo instrumento, ya lo hagan en provecho recíproco, ya en beneficio de un tercero.*

Del mismo modo, el artículo 733 CC señala:

> *No será válido en España el testamento mancomunado, prohibido por el artículo 669, que los españoles otorguen en país extranjero, aunque lo autoricen las leyes de la Nación donde se hubiese otorgado.*

La legislación civil del País Vasco establece en el artículo 24 LDCV la posibilidad de otorgar testamento mancomunado,

> *1. Se considera mancomunado el testamento siempre que dos personas, tengan o no relación de convivencia o parentesco, dispongan en un solo instrumento y para después de su muerte de todos o parte de sus bienes.*
>
> *2. Se reputa igualmente mancomunado el testamento conjunto en el que uno o los dos testadores designan comisario a la misma o distinta persona, para que, tras su muerte, ordene la sucesión correspondiente.*
>
> *3. Quienes ostenten vecindad civil en el País Vasco pueden testar de mancomún aun fuera de esta Comunidad Autónoma.*
>
> *4. También podrán testar mancomunadamente, dentro o fuera de su comunidad autónoma, en unión con otro causante cuya ley personal no le prohíba hacerlo en mancomún.*
>
> *5. Para que el testamento de hermandad sea válido, ambos testadores tienen que hallarse emancipados en el momento del otorgamiento.*
>
> *6. El testamento mancomunado sólo podrá revestir forma abierta, y deberá otorgarse, en todo caso, ante notario.*

4. Es *personalísimo*, estableciendo el art. 670.1 CC:

> *El testamento es un acto personalísimo: no podrá dejarse su formación, en todo ni en parte, al arbitrio de un tercero, ni hacerse por medio de comisario o mandatario.*
>
> *Tampoco podrá dejarse al arbitrio de un tercero la subsistencia del nombramiento de herederos o legatarios, ni la designación de las porciones en que hayan de suceder cuando sean instituidos nominalmente.*

En el mismo sentido, el art. 830 CC:

> *La facultad de mejorar no puede encomendarse a otro.*

En Derecho civil común, este principio general tiene algunas excepciones. Entre ellas cabe destacar el art. 671 CC, en virtud del cual,

> *Podrá el testador encomendar a un tercero la distribución de las cantidades que deje en general a clases determinadas, como a los parientes, a los pobres o a los establecimientos de beneficencia, así como la elección de las personas o establecimientos a quienes aquéllas deban aplicarse.*

Junto a él, el art. 831 del propio Código, permite encomendar al cónyuge viudo o a las personas con descendencia común, pero no casada, la facultad de distribuir entre los hijos comunes los bienes del difunto, en los términos y con los límites y condiciones que se estudiarán en otro lugar.

La legislación civil vasca permite a las personas de vecindad civil vasca otorgar testamento por comisario, (art. 30 LDCV):

> *El testador puede encomendar a uno o varios comisarios la designación de sucesor, la distribución de los bienes y cuantas facultades le correspondan en orden a la transmisión sucesoria de los mismos.*

5. Es un acto o negocio jurídico *libre,* por cuanto que, como señala el art. 673 CC:

> *Será nulo el testamento otorgado con violencia, dolo o fraude.*

A su vez, al art. 674 CC señala:

> *El que con dolo, fraude o violencia impidiere que una persona, de*

> *quien sea heredero abintestado, otorgue libremente su última voluntad, quedará privado de su derecho a la herencia, sin perjuicio de la responsabilidad criminal en que haya incurrido.*

6. Es esencialmente *revocable,* a tenor de lo dispuesto por el art. 737.1 CC:

> *Todas las disposiciones testamentarias son esencialmente revocables, aunque el testador exprese en el testamento su voluntad o resolución de no revocarlas.*
>
> *Se tendrán por no puestas las cláusulas derogatorias de las disposiciones futuras, y aquéllas en que ordene el testador que no valga la revocación del testamento si no la hiciere con ciertas palabras o señales.*

7. Es un acto *solemne* o *formal,* con la consecuencia de la nulidad en el caso de no observarse las formalidades legales, art. 687 CC, si bien se trata de una disposición matizada, en su caso, por la labor jurisprudencial:

> *Será nulo el testamento en cuyo otorgamiento no se hayan observado las formalidades respectivamente establecidas en este capítulo.*

3. CAPACIDAD PARA TESTAR

Con carácter general, el art. 662 CC regula:

> *Pueden testar todos aquellos a quienes la ley no lo prohíbe expresamente.*

Por lo tanto, la presunción es la de la plena capacidad de testar y la excepción su falta, lo que habrá de probarse en cada caso.

Un examen más pormenorizado de sus circunstancias lleva a distinguir:

3.1. Momento en que se ha de ser capaz

El art. 666 CC:

> *Para apreciar la capacidad del testador se atenderá únicamente al estado en que se halle al tiempo de otorgar el testamento.*

y, en consecuencia, el art. 664 CC dispone:

El testamento hecho antes de la enajenación mental es válido.

3.2. Incapacidades para testar

Tradicionalmente, se ha venido distinguiendo entre las incapacidades absolutas, que afectan a todo testamento, y las incapacidades relativas, que imposibilitan únicamente el otorgamiento de determinadas clases de testamentos. Se afirma en cualquier caso que dada la regla general sobre capacidad antes enunciada, las incapacidades previstas en el Código habrán de interpretarse restrictivamente, no siendo posible su extensión analógica a supuestos distintos de los previstos por el legislador.

A las incapacidades *absolutas* se refiere el art. 663 CC que señala:

Están incapacitados para testar:

1. Los menores de catorce años de uno y otro sexo.

2. El que habitual o accidentalmente no se hallare en su cabal juicio.

No será necesario en este segundo caso, la declaración judicial de incapacidad. Si, en cambio, que el desequilibrio se dé en el momento del otorgamiento y que prive al otorgante del testamento de la conciencia de sus actos.

A las conceptuadas como incapacidades *relativas* se refieren los arts. 688 CC:

El testamento ológrafo sólo podrá otorgarse por personas mayores de edad.

y 708 CC:

No pueden hacer testamento cerrado los ciegos y los que no sepan o no puedan leer.

El juicio de capacidad varía según las clases de testamentos. En el ológrafo, será el propio testador el juez de su capacidad. En los testamentos notariales, será el Notario quien ha de juzgar favorablemente la concurrencia de los requisitos anteriores, haciéndolo constar expresamente en el testamento. En los testamentos otorgados únicamente ante testigos, a ellos corresponderá la apreciación sobre la capacidad del testador.

3.3. Jurisprudencia del Tribunal Supremo en materia de capacidad

El TS en sucesivas sentencias ha fijado una serie de líneas importantes a la hora de sentar las bases para fijar la capacidad del testador. Destacan entre ellas, según la STS de 27 de enero de 1998:

1. La incapacidad o afección mental ha de ser grave.
2. No basta apoyarla en simples presunciones.
3. Ni la enfermedad ni la demencia obstan al libre ejercicio de la facultad de testar si el enfermo mantiene su lucidez o está en intervalo lúcido.
4. La sanidad de juicio se presume en toda persona que no haya sido previamente incapacitada (presunción *iuris tantum*).
5. El juicio de capacidad del Notario puede ser impugnado pero reviste especial relevancia de certidumbre.

4. VOLUNTAD Y TESTAMENTO

La cuestión siguiente que se plantea a la hora de estudiar el testamento es la de la discordancia entre la verdadera voluntad del otorgante y la expresada en el testamento. El supuesto carece de regulación legal específica, por lo que requiere de un estudio doctrinal bajo los siguientes parámetros:

a) En el caso de la declaración *iocandi causa,* es decir, la hecha sin ánimo de producir engaño, sino por motivo de broma o jactancia, carecerá de eficacia, pues debe estarse a la voluntad real sobre la declarada (art. 675 CC), aunque dependerá de las circunstancias del caso determinar el carácter de tal.

b) La *reserva mental,* consistente en realizar una manifestación para hacer creer a los demás que se quiere lo que se declara no siendo así, carece de virtualidad en materia testamentaria, si bien es necesario afirmar la extrema dificultad a la hora de conocer cuál es la voluntad verdadera frente a la manifestada.

c) La *simulación*, esto es, el acuerdo entre partes tendente a generar la apariencia de un negocio jurídico que no se desea celebrar o distinto del verdaderamente querido. Será difícil hablar de simulación en el testamento (acto unilateral, sin dos o más partes intervinientes).

d) El tratamiento de la discordancia *involuntaria* entre lo querido y manifestado por el testador deber ser diferente al estudiado para cuando tal discordancia es querida. Es el caso del *error obstativo o impropio,* es decir, aquel que se produce cuando el conocimiento es correcto, siendo defectuosa simplemente la expresión, y puede ser útil la aplicación del art. 773.1 CC, en virtud del cual:

> *El error en el nombre, apellido o cualidades del heredero no vicia la institución cuando de otra manera pueda saberse ciertamente cuál sea la persona nombrada.*

En el caso del *error propio,* es decir, aquel que recae en la formación o contenido de la voluntad y supone un conocimiento equivocado o desconocimiento de la realidad, el art. 673 CC se limita a señalar que:

> *Será nulo el testamento otorgado con violencia, dolo o fraude.*

Existen, sin embargo, discrepancias entre la doctrina sobre este punto. Así, frente a quienes piensan que la falta de mención del error como vicio no es decisivo, sino que tiene la misma fuerza invalidatoria que los demás vicios de la voluntad y que no hay sino una laguna legal, a colmar por la aplicación del los arts. 1265 y 1266 del CC relativos a los contratos, otros piensan que la omisión es intencionada, ya que el error es un influjo externo, no interno, y lo que se quiere es proteger al testador de los actos motivados por terceros que pudieran anular y desvirtuar su verdadera voluntad.

En cualquier caso, el Código Civil no recoge definición alguna ni de fraude ni de dolo testamentario, coincidiéndose unánimemente que valdrá una remisión analógica a los arts. 1.269 y 1.270 CC, parafraseando los cuales podemos concluir con la doctrina que existirá vicio de consentimiento cuando con palabras o maquinaciones insidiosas de parte de cualquier persona es inducido el testador a otorgar o revocar un testamento que, sin ellas, no lo hubiera otorgado o revocado, o lo hubiera hecho de otro modo. Descriptivamente, señala la STS de 9 de mayo de 1974 que el dolo testamentario consiste en el empleo de la astucia, maquinación o artificio dirigido a desviar la libre determinación de las decisiones de los testadores.

Por último, cabe destacar que cualquier persona extraña al testador puede ser la causante del dolo, no aplicándose en este ámbito la exigencia de que proceda de «la otra parte» como exige el art. 1.269 CC, pues como ya hemos señalado, en el testamento no hay partes. Por ello, puede provenir tanto de alguien a cuyo favor se hace alguna disposición testamentaria, como de una persona que permanece absolutamente al margen de la órbita de los afectados por la disposición *mortis causa*, pues lo que se trata de proteger es, exclusivamente, la libertad del testador.

5. LA INTERPRETACIÓN DEL TESTAMENTO

5.1. Consideraciones generales

El testamento contiene una declaración de voluntad, formulada a través de palabras y expresiones. De ahí que muchas veces la interpretación de la voluntad del testador requiera de una labor de exégesis adecuada para conocer cuál es en su integridad. Esa es la interpretación del testamento, que puede aclarar dudas sobre el sentido de las palabras que utilizó el testador.

5.2. Los sujetos de la interpretación

¿Quiénes son los sujetos legitimados para realizar la interpretación? Una primera respuesta nos viene dada por el propio testador, quien podrá, mientras viva, adaptar e interpretar su testamento mediante un nuevo testamento.

Es evidente que los herederos podrán interpretar el testamento siempre que no vulneren derechos de terceros en la sucesión.

En el caso del contador-partidor o del albacea, cuya misión consiste en hacer efectiva la voluntad del testador, su legitimación para esta labor interpretativa (ya reseñada en el tema relativo al albaceazgo) será clara.

Es necesario, no obstante, relativizar la afirmación de que los contadores-partidores y los albaceas tienen facultad de interpretar el testamento, ya que es preciso tener en cuenta también que la interpretación de estas personas no es equiparable en su eficacia a la que pueda hacer cualquier lector del testamento, pues sus decisiones crean una situación provisional que prevalecerá en tanto no se impugne con éxito por quien esté legitimado para ello.

5.3. Interpretación y casación

Finalmente, si no hay acuerdo en la interpretación, serán *los tribunales de instancia* quienes, a instancia de parte, deberán interpretar el testamento, incluso dejando sin efecto si procede la interpretación hecha previamente por el contador si este se ha extralimitado claramente en sus funciones, ha obrado disparatadamente, de mala fe o en contra de la legalidad vigente. Así lo ha proclamado la STS de 27 de febrero de 1997: *La interpretación de las disposiciones testamentarias pertenece a la facultad soberana de la Sala de Instancia, cuyas conclusiones deben ser respetadas en casación, a no ser que puedan ser calificadas de ilógicas o contrarias a la Ley, lo que no sucede en este caso, en el que la interpretación que da la resolución recurrida, aunque es evidente que admite una variación lógica, no alcanza el carácter de contraria a la Ley.*

5.4. El principio subjetivo en la interpretación del testamento

Aun siendo el tema de la interpretación fuente de numerosos conflictos, su pobreza normativa es grande. El Código Civil únicamente dicta un precepto general, el art. 675.1, en el que establece que,

> *Toda disposición testamentaria deberá entenderse en el sentido literal de sus palabras a no ser que aparezca claramente que fue otra la voluntad del testador. En caso de duda se observará lo que aparezca más conforme a la voluntad del testador según el tenor del mismo testamento.*
>
> *El testador no puede prohibir que se impugne el testamento en los casos en que haya nulidad declarada por la ley.*

La primera apreciación, a simple vista, es la de la voluntad del testador como regla fundamental de la interpretación del testamento. Además, difícilmente se podrá alegar perjuicio, porque, salvo las legítimas, el testador es libre para disponer de sus bienes y lo hace *mortis causa*, sin que nadie tenga derecho a su herencia hasta su fallecimiento.

Este principio de subjetivismo encuentra su relativización en el carácter solemne del testamento, pues cualquier otra voluntad, por muy cierta que sea, no podrá ser tenida en cuenta. No se trata de averiguar la voluntad del testador sin más, sino la voluntad manifestada en testamento, o, como dice el art. 675 CC, *la intención del testador según el tenor del mismo testamento.*

De ahí la admisión de los medios de prueba en la interpretación del testamento, bien sean intrínsecos (normales u ordinarios) o extrínsecos (de carácter excepcional).

Pese a algunas críticas doctrinales, la doctrina más común y una muy reiterada jurisprudencia, tanto del TS como de la DGRN admiten el recurso a los denominados medios de prueba extrínsecos al testamento, si bien matiza que solo podrán utilizarse los medios extrínsecos para aclarar una voluntad que se encuentre expresada en el testamento, es decir, que no puede hallarse nunca fuera de él.

En definitiva, se trata de utilizar elementos que no están en el testamento para llegar a la conclusión de que este contiene una determinada voluntad, no simplemente para concluir que dicha voluntad existe sin más.

5.5. El momento relevante para calificar la voluntad

El carácter formal del negocio testamentario impone también que el momento al que hay que referir la voluntad investigada no es el del fallecimiento del testador sino el del otorgamiento del testamento, ya que si se admitiera un cambio de voluntad posterior no recogido en el testamento se estaría dando entrada a una voluntad no manifestada en él. Se trata de interpretar un testamento determinado, por lo que en él no puede constar una voluntad que se formó después de haberse otorgado.

5.6. La interpretación literal del testamento

La declaración de voluntad del testador requiere necesariamente la utilización del lenguaje, hablado o escrito. Por ello, puede producirse una discrepancia entre lo que las palabras significan propiamente y lo que verdaderamente ha querido el testador, pues cabe que una palabra determinada posea un significado corriente, normal, incluso oficial, y que, sin embargo, para el testador tenga otro extravagante y fuera de todo uso lingüístico.

En estos casos ha de prevalecer siempre la voluntad sobre las palabras. La literalidad de las palabras que establece el art. 657 CC llevaría a una interpretación lógica y sistemática de las mismas, entendidas en el sentido del lenguaje, ideas y hábitos del testador, apreciando las declaraciones en su conjunto y tratando de armonizarlas de la mejor manera posible. Si ni aun así es posible llegar a una interpretación de la voluntad del testador, habría que recurrir a los medios de prueba extrínsecos, pero en ningún caso cabrá deducir ni podría el intérprete obtener, ni inventarse, una disposición nueva si el testador no la expresa, aunque desease hacerlo.

Ya lo resumió el adagio romano: *in claris non fit intepreatio.*

5.7. Normas particulares sobre interpretación

Además del art. 675 CC del que se ha hablado hasta ahora, hay en el Código, dispersos entre sus disposiciones, una serie de preceptos que contienen también normas particulares sobre casos concretos de interpretación. Pueden recogerse los siguientes:

— El art. 347, sobre si la transmisión por legado de la posesión o propiedad de cosa, muebles o inmuebles con todo lo que en ellas se hallare, comprende o no el metálico, valores, créditos y acciones cuyos documentos se hallen en la cosa transmitida.

— El art. 668, acerca de si el llamado debe considerarse heredero o legatario.

— El art. 747, para determinar cómo ha de distribuirse la herencia en caso de que el testador la deje a los pobres.

— El art. 749, para el caso de que efectúe disposiciones en favor del alma.

— El art. 751, que especifica qué ha de entenderse por parientes.

— El art. 765, acerca de la proporción en que ha de distribuirse la herencia cuando son llamados varios herederos.

— El art. 767, que determina el significado que haya de darse a la expresión de la causa en las disposiciones testamentarias.

— El art. 768, sobre si el instituido sobre cosa cierta y determinada ha de considerarse heredero o legatario.

— El art. 769, sobre cómo ha de distribuirse la herencia en el caso de que unos herederos sean llamados individualmente y otros colectivamente.

— El art. 770, acerca del reparto que ha de efectuarse cuando uno de los herederos son hermanos de doble vínculo y otros de vínculo sencillo.

— El art. 771, sobre si hay que entender llamados a una persona y sus hijos simultánea o sucesivamente.

— El art. 779, acerca de cómo ha de repartirse la herencia en los casos de sustitución recíproca.

— El art. 780, sobre si el sustituto queda sujeto a las cargas que tiene el instituido.

— El art. 797, sobre si determinadas instituciones han de considerarse condicionales o modales.

— El art. 864, para determinar la extensión del legado en el caso de que el testador no sea dueño de la cosa legada por entero.

Como fácilmente se puede deducir de los preceptos reseñados, no se trata de normas para guiar la búsqueda de la voluntad real del testador, sino de suponer cuál sería realmente tal voluntad y darla por buena. Evidentemente, solo tendrán vigencia cuando el testador no haya dispuesto otra cosa.

5.8. La aplicación de las normas de interpretación de los contratos

Como negocio jurídico que es, al testamento le resultan aplicables especialmente, entre las normas de interpretación de los contratos, aquellas que son manifestación de una concepción subjetiva de la interpretación, y no en cambio las que emanan de una idea objetivista.

Será aplicable, de este modo, el art. 1281 CC que coincide sustancialmente con el art. 675 CC; el art. 1.282 CC, que para averiguar la voluntad manda tener en cuenta los actos coetáneos y posteriores (y con mayor razón, por supuesto, los anteriores), o el art. 1.283 CC, que se inspira también en la atención prevalente a la voluntad real al disponer que, *cualquiera que sea la generalidad de los términos de un contrato no deberán entenderse comprendidos en él cosas distintas ni casos diferentes de aquéllos sobre que los interesados se propusieron contratar.*

5.9. Interpretación del testamento e integración de la voluntad del testador

Si la interpretación supone decidir sobre el sentido de unas determinadas expresiones para concluir cuál fue la voluntad expresa, la integración, en cambio, implica añadir un suplemento de voluntad a la declarada, lo que, desde luego, exige hacerlo con una gran dosis de prudencia y un consenso sobre esa voluntad más amplia del testador que puede resultar de la integración de lo por él dispuesto, en conexión con otros elementos exteriores al testamento.

6. SOLEMNIDADES GENERALES DE LOS TESTAMENTOS

Es habitual a la hora de exponer esta materia referirse a las «solemnidades generales de los testamentos» o «formalidades generales», considerando tales la identificación del testador y la intervención de testigos.

6.1. Identificación del testador

La identificación del testador es algo imprescindible para la validez del testamento, ya que si efectivamente alguien testa con la identidad de otra persona, el testamento sería nulo.

El Código Civil regula el tema en los arts. 685 y 686. En el art. 685.1, se establece:

> *El Notario deberá conocer al testador y si no lo conociese se identificará su persona con dos testigos que le conozcan y sean conocidos del mismo Notario, o mediante la utilización de documentos expedidos por las autoridades públicas cuyo objeto sea identificar a las personas. También deberá el Notario asegurarse de que, a su juicio, tiene el testador capacidad legal necesaria para testar.*

Por otra parte, en el párrafo segundo:

> *En los casos de los artículos 700 y 701, los testigos tendrán obligación de conocer al testador y procurarán asegurarse de su capacidad.*

En consecuencia, se dispone que en los testamentos sin intervención de Notario (testamento en peligro inminente de muerte y en caso de epidemia), los testigos tienen la obligación de conocer al testador.

El art. 686 CC prescribe:

> *Si no pudiese identificarse la persona del testador en la forma prevenida en el artículo que precede, se declarará esta circunstancia por el Notario, o por los testigos en su caso, reseñando los documentos que el testador presente con dicho objeto y las señas personales del mismo.*
>
> *Si fuera impugnado el testamento por tal motivo, corresponderá a quien sostenga su validez la prueba de la identidad del testador.*

6.2. Intervención de testigos

Respecto a los testamentos otorgados sin intervención notarial, la doctrina era unánime a la hora de exigir su intervención; en los testamentos notariales, en cambio, la situación era diferente, ya que había quien defendía la necesidad de concurrencia de los testigos y quien planteaba su supresión. La discusión quedó zanjada en el ámbito del Derecho común, a través de la reforma de 20 de diciembre de 1991.

Así, los arts. 697 y 707 CC, reformados por la Ley 30/1991, de 20 de diciembre de modificación del Código Civil en materia de testamentos, derogan la anterior exigencia que abarcaba a todos los testamentos otorgados, salvo el testamento ológrafo. El art. 697 CC, referido al testamento abierto, dispone:

> *Al acto del otorgamiento deberán concurrir dos testigos idóneos:*
>
> *1. Cuando el testador declare que no sabe o no puede firmar el testamento.*
>
> *2. Cuando el testador, aunque pueda firmarlo, sea ciego o declare que no sabe o no puede leer por sí el testamento; y*
>
> *3. Cuando el testador o el Notario lo soliciten.*

El art. 707 CC, dentro de la regulación del testamento cerrado, limita los supuestos en los que es precisa la intervención de testigos a los casos en los que el testador no sepa o pueda firmar (párrafo 5) o si lo solicitan el testador o Notario (párrafo 7).

¿*Quid* respecto de la capacidad para ser testigo testamentario? En esta materia, se suelen distinguir dos grupos de causas de incapacidad, según afecten a todos los testamentos (las llamadas incapacidades absolutas) o tan solo a algún tipo testamentario (incapacidades relativas).

Las incapacidades *absolutas* se recogen en el art. 681 CC.

La regulación de las incapacidades *relativas,* que impiden ser testigo solo en determinados testamentos, se contiene en el art. 682 CC.

Por último, en cuanto al momento en que deban concurrir las causas que incapacitan para intervenir como testigo, el artículo 683 CC concluye que:

> *Para que un testigo sea declarado inhábil, es necesario que la causa de su incapacidad exista al tiempo de otorgarse el testamento.*

6.3. Idioma del testamento

El testamento es esencialmente una manifestación de la voluntad del testador, bien de forma oral, bien de forma escrita. De ahí la trascendencia de la lengua que emplee a la hora de poder conocer con exactitud cuál es su voluntad, ya que será esa lengua el vehículo imprescindible para conocer lo que realmente ha querido el testador.

En consecuencia, lo lingüístico tendrá relevancia a la hora de otorgar el testamento, ya que el hecho de que los testigos o el Notario entiendan la voluntad del testador, de que el otorgante del testamento ológrafo lo escriba en una u otra lengua, de que los españoles en el extranjero o los extranjeros en España puedan otorgar testamento en su propia lengua, de que un español pueda otorgar testamento en alguna de las lenguas de España... son todos ellos temas que afectan al Derecho de sucesiones.

En lo que se refiere al Código Civil, y tras la reforma del año 1991, el artículo 684 establece que,

> *Cuando el testador exprese su voluntad en lengua que el Notario no conozca, se requerirá la presencia de un intérprete, elegido por aquél, que traduzca la disposición testamentaria a la oficial en el lugar del otorgamiento que emplee el Notario. El instrumento se escribirá en las dos lenguas con indicación de cuál ha sido la empleada por testador.*
>
> *El testamento abierto y el acta del cerrado se escribirán en la lengua extranjera en que se exprese el testador y en la oficial que emplee el Notario, aun cuando éste conozca aquélla.*

La complejidad de las situaciones a las que aboca esta redacción es manifiesta, sobre todo a la hora de centrarse en los testamentos con intervención notarial. En los demás (v.gr. ológrafo) cierto es que el testador podrá hacerlo en la lengua que desee, sea oficial o no, ya que no está constreñido por ninguna limitación (incluso el art. 688 CC permite al extranjero otorgar testamento ológrafo en su propio idioma) aunque si han de intervenir testigos, estos han de entender el idioma del testador (art. 681.3 CC, ya expuesto)

En consecuencia, si el otorgante utiliza alguna de las formas testamentarias que requieren la intervención de Notario, y desea utilizar una lengua en su testamento que el Notario no conozca, será precisa la intervención de un intérprete que traduzca la disposición del testador a la lengua oficial del lugar del otorgamiento que emplee el Notario, con redacción en las dos lenguas e indicación de la lengua empleada por el testador.

Si el testador utiliza una de las lenguas hoy territorialmente cooficiales en una serie de Comunidades Autónomas en España, podrá hacerlo dentro del territorio donde la lengua es cooficial y si el Notario conoce esa lengua cooficial, se escribirá solo en ella. De lo contrario, el procedimiento será idéntico al anterior.

Si además, como ocurre en el caso de la Ley 192 de la Compilación de Derecho Civil de Navarra, el testador desea otorgar testamento en vascuence fuera de Navarra, podrá hacerlo, aunque si el Notario no conoce el euskera, el testamento se escribirá en ambas lenguas.

> *Testamentos en vascuence*
>
> *Los navarros podrán testar en vascuence. Cuando el testamento se otorgare ante Notario y éste no conociera el vascuence, se precisará la intervención de dos intérpretes elegidos por el testador que traduzcan su disposición al castellano; el testamento se escribirá en las dos lenguas, conforme se establece en el Reglamento Notarial.*

Hay que destacar, en esta línea y en lo que respecta a la Comunidad Autónoma del País Vasco, la existencia de disposiciones en esta materia, que desarrollan la cooficialidad en materia de lengua y testamento y señaladamente el art. 7 LDCV,

> *Lenguas cooficiales y Derecho civil vasco*
>
> *1. Los actos y contratos regulados en esta ley podrán formalizarse en cualquiera de las lenguas oficiales de la Comunidad Autónoma del País Vasco.*
>
> *2. Los documentos públicos se redactarán en el idioma oficial del lugar de otorgamiento que los otorgantes hayan convenido, y si hubiera más*

> *de uno, en aquél que las partes acuerden. En caso de discrepancia entre las partes, el instrumento público deberá redactarse en las lenguas oficiales existentes. Las copias se expedirán en el idioma oficial del lugar, pedido por el solicitante.*

Por último, si el otorgante es extranjero, se impone la doble redacción en lengua extranjera y oficial que emplee el Notario, aun cuando el notario conozca la lengua extranjera que utiliza el testador.

En cuanto a los españoles que otorguen testamento en lengua cooficial distinta del castellano, fuera del territorio español, ante Agente Diplomático o Consular español, la DGRN en resolución de 31 de octubre de 2007, ha establecido que el testamento como las demás escrituras está sujeto a las normas generales, pudiendo redactarse en castellano o en los dos idiomas cooficiales, pero no solo en un idioma cooficial distinto del castellano.

6.4. Vecindad civil del testador

Un supuesto especial es el relativo a la vecindad civil del testador y su constancia en el testamento, dado que la misma puede afectar de forma decisiva al contenido de este testamento.

Así se recoge en el art. 11 LDCV:

> *En los instrumentos públicos que se otorguen en la Comunidad Autónoma del País Vasco se hará constar la vecindad civil vasca y la vecindad civil local del otorgante y cuando pueda afectar a las disposiciones que se otorguen o sus efectos, también el régimen de bienes que rija su matrimonio o pareja de hecho. En caso de duda, se presumirá, salvo prueba en contrario, que la vecindad civil es la que corresponda al lugar del nacimiento, y el régimen de bienes, el que se considere legal en el último domicilio común, y, a falta de domicilio común, el del lugar de celebración del matrimonio o el de separación de bienes si se trata de parejas de hecho.*

De un modo similar, el art. 156 RN señala la necesidad de hacer constar en los instrumentos públicos, dentro de los cuales se encuentra el testamento, lo siguiente:

Art. 156 RN:

La comparecencia de toda escritura indicará:

[…] 4. … Se expresará la vecindad civil cuando lo pidan los otorgantes y cuando afecte a la validez o eficacia del acto o contrato que se formaliza, así como en el supuesto del artículo 161.

CAPÍTULO 2
LAS CLASES DE TESTAMENTOS

1. CONSIDERACIONES GENERALES

El Código Civil hace una primera sistematización de los testamentos que regula en el art. 676:

> *El testamento puede ser común o especial*
>
> *El común puede ser ológrafo, abierto o cerrado.*

El art. 677 CC, por su parte, establece:

> *Se considerarán testamentos especiales el militar, el marítimo y el hecho en país extranjero.*

A lo largo de este capítulo se tratará de cada una de estas formas testamentarias.

2. EL TESTAMENTO ABIERTO

2.1. Concepto

Se define esta clase de testamento en el art. 679 CC:

> *Es abierto el testamento siempre que el testador manifieste su última voluntad en presencia de las personas que deben autorizar el acto, quedando enteradas de lo que en él se dispone.*

Es habitual que se realice por los operadores jurídicos una comparación entre las diversas formas testamentarias para contrastar las ventajas e inconvenientes de unas y otras. En esta línea se ha expuesto que el testamento abierto supone que el testador ha de dar a conocer al Notario y, en su caso, a los testigos, su voluntad, lo que va en detrimento del secreto de su contenido. Igualmente se le ha achacado un exceso de formalidades cuyo incumplimiento puede acarrear la nulidad.

Ello no obstante, el testamento abierto notarial presenta indudables ventajas, que hacen que sea el más utilizado a la hora de testar. Entre ellas destacan la garantía de fe pública que supone la intervención notarial, su eficacia inmediata, su conservación garantizada y su fuerza de documento público.

Es precisamente la de su conservación garantizada por el Notario la que ha motivado la exigencia de que el registro de los testamentos abiertos haya de cohonestarse con lo relativo a la protección de datos regulada hoy en día por la Ley Orgánica 15/1999, de 13 de diciembre, de protección de datos de carácter personal y que el otorgante del testamento abierto acepte la incorporación de sus datos a los ficheros automatizados existentes en la Notaría, con los correspondientes derechos de acceso, rectificación y cancelación que le correspondan según la ley.

2.2. Requisitos subjetivos

Una primera distinción entre requisitos subjetivos y formalidades del testamento abierto es más conceptual que generadora de efectos, ya que todos ellos son precisos para la plena eficacia del testamento abierto. En lo que se refiere al primer punto se describen como «requisitos subjetivos» la concurrencia de tres personas o grupos: el testador, el Notario Autorizante y los testigos.

El testador

Para poder otorgar testamento abierto debe concurrir el testador que desee testar, que además tenga capacidad para ello, y que sea identificado, como ya se citó al hablar de las formalidades generales del testamento a las que cabe remitirse.

Notario hábil

Según el art. 694 CC:

> *El testamento abierto deberá ser otorgado ante Notario hábil para actuar en el lugar del otorgamiento.*
>
> *Solo se exceptuarán de esta regla los casos expresamente determinados en esta misma sección.*

Es decir, dada la regla de la competencia territorial en la actuación notarial, que cumpla con dicho requisito, sin perjuicio de las excepciones que consigna la propia legislación notarial, a tenor de lo establecido en los artículos 117 y 118 del vigente Reglamento Notarial.

Los testigos

Al otorgamiento deberán concurrir dos testigos idóneos en tres supuestos:

Art. 697 CC:

> *Al acto de otorgamiento deberán concurrir dos testigos idóneos:*
>
> *1. Cuando el testador declare que no sabe o no puede firmar el testamento.*
>
> *2. Cuando el testador, aunque pueda firmarlo, sea ciego o declare que no sabe o no puede leer por sí el testamento.*
>
> *Si el testador que no supiese o no pudiese leer fuera enteramente sordo, los testigos leerán el testamento en presencia del Notario y deberán declarar que coincide con la voluntad manifestada.*
>
> *3. Cuando el testador o el Notario lo soliciten.*

Del mismo modo, al acto del otorgamiento deberán concurrir según el art. 698 CC:

> *Al otorgamiento también deberán concurrir:*
>
> *1. Los testigos de conocimiento, si los hubiera, quienes podrán intervenir además como testigos instrumentales.*

2. Los facultativos que hubieran reconocido al testador incapacitado.

3. El intérprete que hubiera traducido la voluntad del testador a la lengua oficial empleada por el Notario.

2.3. Requisitos formales o solemnidades

Expresión de la voluntad por el testador

Según el art. 695.1 CC:

> *El testador expresará oralmente o por escrito su última voluntad al Notario. Redactado por éste el testamento con arreglo a ella y con expresión del lugar, año, mes, día y hora de su otorgamiento y advertido el testador del derecho que tiene a leerlo por sí, lo leerá el Notario en voz alta para que el testador manifieste si está conforme con su voluntad.*

La expresión de la voluntad, por tanto, la debe realizar el propio testador. Así lo ha entendido la jurisprudencia que ha declarado la nulidad de testamentos en los que la manifestación de voluntad la hizo persona distinta del testador, aunque este luego firmara el testamento. Este criterio ha sido posteriormente atemperado, admitiendo la posibilidad de que el testador, en el acto del testamento propiamente dicho, ratifique una voluntad que bien pudo manifestar por él otra persona. En todo caso lo esencial es que el testamento refleje la verdadera voluntad del testador.

Redacción del testamento

El testamento lo debe redactar el Notario (art. 695.1 CC). Cuando el testador presenta por escrito su disposición testamentaria, el Notario debe darle forma jurídica y adaptarlo a las exigencias legales. En el caso de que el testador le manifieste oralmente su voluntad, es el Notario quien debe redactar el testamento.

Lo que no es necesario es que el Notario redacte materialmente el testamento sino que lo conforme jurídicamente.

Lectura del testamento

Es el Notario quien ha de leer el testamento sin perjuicio de que deba advertir al testador del derecho que tiene a leerlo por sí (art. 695.1 CC). Esta lectura debe ser íntegra y hacerse en alta voz tanto al testador como, en su caso, a los testigos.

Aprobación por el testador

Leído el testamento, conforme se ha visto, el testador debe manifestar que reproduce fielmente su voluntad.

Firma del testamento

El art. 695.1 y 2 CC señalan que si el testador manifiesta que el testamento está conforme con su voluntad,

> *Será firmado en el acto por el testador que pueda hacerlo, y en su caso, por los testigos y demás personas que deban concurrir (incluido el Notario autorizante, como es lógico).*
>
> *Si el testador declara que no sabe o no puede firmar, lo hará por él y a su ruego uno de los testigos.*

Unidad de acto

Tal y como establece el art. 699 CC:

> *Todas las formalidades expresadas en esta sección se practicarán en un solo acto que comenzará con la lectura del testamento, sin que sea lícita ninguna interrupción, salvo la que pueda ser motivada por un accidente pasajero.*

La falta de este requisito conllevará, según el art. 687 CC:

> *Será nulo el testamento en cuyo otorgamiento no se hayan observado las formalidades respectivamente establecidas en este capítulo.*

La lectura del precepto no posibilita otra opción que la nulidad absoluta en caso de incumplimiento. La jurisprudencia, de todos modos, ha limitado el rigor de la sanción al señalar que la unidad de acto no abarca todas las formalidades testamentarias, sino, únicamente, desde la lectura del testamento hasta la autorización por el Notario.

Además, se admiten pequeñas interrupciones derivadas de accidentes pasajeros, tal y como señala el propio art. 699 CC La jurisprudencia ha formulado una serie de supuestos en torno al concepto al concepto de «accidente pasajero» y ha considerado que no se quebranta la unidad de acto en los supuestos de pequeñas interrupciones para la ingestión de medicamentos o auxilios urgentes al enfermo o cuando intervengan facultativos requeridos por el Notario, pues tal intervención más que un acto extraño al otorgamiento del testamento, es un complemento del mismo, lo mismo si el testador sale momentáneamente de una habitación a otra de la casa del Notario. Por el contrario, se entiende quebrantado el requisito de unidad de acto en los siguientes supuestos: cuando el testador no firma en presencia de los testigos o cuando los testigos no presencian el acto de prestar el testador conformidad con el testamento.

Dación de fe de conocimiento y capacidad del testador

Dispone el art. 696 CC:

> *El Notario dará fe de conocer al testador o de haberlo identificado debidamente y, en su defecto, efectuará la declaración prevista en el artículo 686. También hará constar que, a su juicio, se halla el testador con la capacidad legal necesaria para otorgar testamento.*

La DGRN ha admitido la utilización de otras expresiones por el Notario distintas del «doy fe», entendiendo que esta no es una frase sacramental indispensable, y que puede ser suplida por otras expresiones distintas que acrediten de modo indubitado que el testamento entre a gozar de los beneficios de la fe pública. Lo cierto es que, de hecho, siempre se utiliza dicha expresión.

En cuanto que se haga constar que el testador tiene capacidad legal necesaria para testar, el Tribunal Supremo ha declarado que se trata de un requisito formal de ineludible acatamiento por el Notario autorizante.

Dación de fe de adecuación a la legalidad y de voluntad informada

Hoy en día, tras la reforma del Reglamento Notarial por Real Decreto 45/2007, de 19 de enero, es necesario, además, en todo instrumento público (y el testamento abierto lo es), que el Notario haga constar una serie de circunstancias relativas a la legalidad y a la voluntad de los otorgantes e intervinientes, tal y como resulta del art. 145 del citado texto reglamentario,

> *La autorización o intervención del instrumento público implica el deber del notario de dar fe de la identidad de los otorgantes, de que a su juicio tienen capacidad y legitimación, de que el consentimiento ha sido libremente prestado y de que el otorgamiento se adecua a la legalidad y a la voluntad debidamente informada de los otorgantes e intervinientes.*

2.4. Responsabilidad del Notario autorizante

La señala el art. 705 CC:

> *Declarado nulo un testamento abierto por no haberse observado las solemnidades establecidas para cada caso, el Notario que lo haya autorizado será responsable de los daños y perjuicios que sobrevengan, si la falta procediere de su malicia, o de negligencia o ignorancia inexcusables.*

3. EL TESTAMENTO OLÓGRAFO

3.1. Concepto

El art. 678 CC dispone:

> *Se llama ológrafo el testamento cuando el testador lo escribe por sí mismo en la forma y con los requisitos que se determinan en el artículo 688.*

En lo relativo a esta forma testamentaria, la discusión se ha centrado también en sus ventajas e inconvenientes. Entre las ventajas está la de ser un testamento de contenido secreto, práctico, de muy poco coste y que permite a los extranjeros otorgar en España testamento en su propio idioma (art. 688.4 CC).

Sus inconvenientes se derivan del hecho de que el secreto de su otorgamiento puede generar inseguridad tanto respecto de la voluntad real del testador, como de posible falta de capacidad del testador, pérdida o rotura o inutilización posterior del testamento, falta de conocimiento de su existencia y necesaria tramitación posterior al fallecimiento del testador, lo que supone una posible ineficacia del testamento.

3.2. Requisitos subjetivos

Se concretan en lo establecido en el artículo 688.1 CC:

> *El testamento ológrafo sólo podrá otorgarse por personas mayores de edad.*
>
> *Para que sea válido este testamento deberá estar escrito todo él y firmado por el testador, con expresión del año, mes y día en que se otorgue.*
>
> *Si contuviere palabras tachadas, enmendadas o entre renglones, las salvará el testador bajo su firma.*
>
> *Los extranjeros podrán otorgar testamento ológrafo en su propio idioma.*

El primero es la mayoría de edad y el segundo la necesidad, dada la autografía del testamento, de que el testador sepa y pueda escribir. Hay que matizar algunos supuestos:

a) Las personas ciegas se discute que puedan recurrir a esta forma testamentaria en el supuesto de que puedan y sepan escribir. En todo caso, el «sistema Braille» no sería utilizable, ya que no individualiza la caligrafía del autor.

b) Los sordomudos que sepan leer y escribir pueden recurrir a esta forma testamentaria.

c) Los locos en intervalo lúcido parece que no podrán recurrir a esta forma testamentaria, por varias razones. En primer lugar, porque la fecha que aparezca en el testamento ológrafo como la de su otorgamiento puede no coincidir con la real; de esta forma, podría ocurrir que la fecha puesta en el testamento correspondiera a un intervalo lúcido, y el testamento se hubiera otorgado verdaderamente en otra fecha en la que no existía tal intervalo. En segundo lugar, porque si se exigen importantes garantías para que el loco o demente pueda otorgar testamento notarial en intervalo lúcido, con más razón deberían exigirse para que lo otorgara por su cuenta. Y en tercer lugar, porque la regla general es —art. 663 CC— la de que no puede testar.

d) Los extranjeros pueden otorgar testamento ológrafo en su propio idioma como ya se ha dicho.

3.3. Formalidades o requisitos de su otorgamiento

El art. 688 CC establece:

> *Para que sea válido este testamento deberá estar escrito todo él y firmado por el testador, con expresión del año, mes y día en que se otorgue.*
>
> *Si contuviere palabras tachadas, enmendadas o entre reglones, las salvará el testador bajo su firma.*

Son necesarios por tanto, las siguientes formalidades: autografía, determinación de su fecha, firma y necesidad de salvar lo irregularmente escrito.

Autografía

Se cumple este requisito si el testamento está, todo él, escrito por el testador. No puede estar redactado parcialmente por persona distinta del testador, es decir, que si hay disposiciones o manifestaciones de cualquier índole redactadas por otra persona que no sea el testador el testamento será nulo. Y ello, aunque el testador manifieste, en redacción de su puño y letra, asumir como propias tales disposiciones o manifestaciones.

El problema se suscita respecto de las palabras añadidas por terceras personas después de redactado el testamento. La ineficacia afectaría, claro está, a lo escrito por el tercero, que se tendrá por no puesto, pero el testamento sería válido.

No hay inconveniente en que haya algo escrito en el papel antes de extender el testamento, ya que la Ley no exige que se redacte en papel sin usar. Por otro lado, debe estar escrito con los caracteres habituales de la caligrafía del testador.

Fecha

Impone el art. 688 CC que se exprese en el testamento el *año, mes y día en que se otorgue.* A diferencia del testamento abierto, no se exige que se exprese, ni el lugar ni la hora.

De acuerdo con la jurisprudencia, es indiferente el orden en el que se consignan el día, mes y año o si se emplean letra o números árabes o romanos; no se exige la unidad de acto, por lo que puede escribirse en varios momentos; cabe sustituir la fecha por una expresión que la identifique, y es indiferente en qué lugar del testamento se recoja la expresión de la fecha.

Firma

El hecho de que haya de constar la firma del testador da lugar a una serie de cuestiones, tales como que la firma haya de ser la habitual, que no es necesario que contenga el nombre y los dos apellidos y ha de ser autógrafa, no valiendo la estampación de la huella dactilar o la firma sustituida por testigos.

Salvar lo irregularmente escrito

A tenor de lo dispuesto en el art. 688.3 CC:

> *Si contuviese palabras tachadas, enmendadas o entre reglones, las salvará el testador bajo su firma.*

Obviamente, se refiere a las palabras del testador. En relación con esta exigencia legal, el Tribunal Supremo ha establecido una jurisprudencia sistematizada por ROCA SASTRE, del siguiente modo:

- Si las palabras tachadas, enmendadas o interlineadas que el testador no salva bajo su firma, no afectan, alteran, ni varían la expresada voluntad del testador manifestada en testamento, entonces la nulidad queda concretada a las palabras no salvadas.
- Si las palabras que no se han enmendado afectan de modo sustancial a la voluntad testamentaria, la nulidad se extiende y contamina todo el testamento.

3.4. Trámites posteriores a su otorgamiento

Otorgado el testamento ológrafo por el testador y fallecido este, es necesario realizar una serie de trámites posteriores para que surta sus efectos. Los regula el Código Civil y pueden sistematizarse de este modo:

Conservación

Aunque nada dice el Código sobre esta fase o trámite, sin embargo, se coincide en que el testador puede conservar él el testamento o depositarlo para su custodia en otra persona. A efectos de evitar el inconveniente visto de que se ignore su otorgamiento, puede incluso el testador solicitar que se tome razón de su otorgamiento en el Registro General de Actos de Última Voluntad.

Presentación

El art. 689 CC señala:

> *El testamento ológrafo deberá protocolizarse, presentándolo, en los cinco años siguientes al fallecimiento del testador, ante Notario. Este extenderá el acta de protocolización de conformidad con la legislación notarial.*

El art. 690 CC, además, matiza:

> *La persona que tenga en su poder un testamento ológrafo deberá presentarlo ante Notario competente en los diez días siguientes a aquel en que tenga conocimiento del fallecimiento del testador. El incumplimiento de este deber le hará responsable de los daños y perjuicios que haya causado.*
>
> *También podrá presentarlo cualquiera que tenga interés en el testamento como heredero, legatario, albacea o en cualquier otro concepto.*

Adveración

Se refieren a ella los arts. 691 y 692 CC.

Art. 691 CC:

> *Presentado el testamento ológrafo y acreditado el fallecimiento del testador, se procederá a su adveración conforme a la legislación notarial.*

Art. 692 CC:

> *Adverado el testamento y acreditada la identidad de su autor, se procederá a su protocolización.*

Protocolización

Concluye el proceso de tramitación posterior al fallecimiento del testador otorgante del testamento ológrafo de la forma que regula el art. 693 CC.

4. EL TESTAMENTO CERRADO

4.1. Concepto

Lo proporciona el art. 680 CC al señalar:

> *El testamento es cerrado cuando el testador, sin revelar su última voluntad, declara que ésta se halla contenida en el pliego que presenta a las personas que han autorizado el acto.*

Tiene, como las otras formas testamentarias comunes, ventajas e inconvenientes. Sin desdoro de la salvaguarda del secreto de la voluntad del testador, que resulta evidente en esta forma del testamento, exige un gran número de formalidades, su apertura y protocolización son costosas y el secreto se puede guardar de forma adecuada con el testamento notarial abierto, como efectivamente ocurre.

La exigencia de que el acta de protocolización del testamento cerrado requiera la intervención del Notario, al igual que en el caso del testamento abierto exige tener en cuenta lo relativo a la protección de datos regulada hoy en día por la Ley Orgánica 15/1999, de 13 de Diciembre, de protección de datos de carácter personal y que el otorgante del acta de protocolización del testamento cerrado acepte la incorporación de sus datos a los ficheros automatizados existentes en la Notaría, con los correspondientes derechos de acceso, rectificación y cancelación que le correspondan según la ley.

4.2. Requisitos subjetivos

El testador

No hay especialidad reseñable respecto de la voluntad testamentaria y la identificación del testador que modifique lo ya dicho en torno a estas cuestiones.

Se puede citar, no obstante, el art. 709 CC que establece: *Los que no pueden expresarse verbalmente pero sí escribir, podrán otorgar testamento cerrado.* En todo caso, deberán observarse las formalidades previstas en dicho artículo, que luego se expondrán.

El art. 708 CC, a su vez, dispone: *No pueden hacer testamento cerrado los ciegos y los que no sepan o no puedan leer.*

El Notario

Ha de ser hábil para actuar en el lugar del otorgamiento, como señala el art. 694 CC, respecto del testamento abierto, con remisión a lo ya expuesto para ese caso.

Los testigos

Art. 707.5 CC:

> *Extendida y leída el acta, la firmará el testador que pueda hacerlo y, en su caso, las personas que deban concurrir, y la autorizará el Notario con su signo y firma.*

Art. 707.7 CC:

> *Concurrirán al acto de otorgamiento dos testigos idóneos, si así lo solicitan el testador o el Notario.*

El «amanuense»

Es el tercero («mano ajena» u «otra persona» lo llama el Código Civil) que ha redactado el testamento a ruego del testador. El Código no exige que concurra en esta persona que puede redactar e incluso firmar el testamento por el testador, ningún requisito especial de capacidad e idoneidad; ni tan siquiera exige que se le identifique.

Art. 707.3 CC:

> *En presencia del Notario, manifestará el testador por sí, o por medio del intérprete previsto en el artículo 684, que el pliego que presenta contiene su testamento, expresando si se halla escrito y firmado por él o si está escrito de mano ajena o por cualquier medio mecánico y firmado al final y en todas sus hojas por él o por otra persona a su ruego.*

4.3. Requisitos o formalidades de su otorgamiento

Dos son las fases en las que han de concurrir los requisitos o formalidades de otorgamiento del testamento cerrado.

Fase preparatoria del testamento cerrado

El art. 706 CC permite:

> *El testamento cerrado habrá de ser escrito.*
>
> *Si lo escribiese de su puño y letra el testador pondrá al final su firma.*
>
> *Si estuviese escrito por cualquier medio mecánico o por otra persona a ruego del testador, éste pondrá su firma en todas sus hojas y al pie del testamento.*
>
> *Cuando el testador no sepa o no pueda firmar, lo hará a su ruego al pie y en todas las hojas otra persona, expresando la causa de la imposibilidad.*
>
> *En todo caso, antes de la firma se salvarán las palabras enmendadas, tachadas o escritas entre renglones.*

Fase de otorgamiento del testamento cerrado

Las diferentes fases o momentos del otorgamiento vienen dados por el art 707 CC:

a) Introducción en la cubierta.

> *El papel que contenga el testamento se pondrá dentro de una cubierta,*

cerrada y sellada de suerte que no pueda extraerse aquél sin romper ésta.

b) Comparecencia del testador.

El testador comparecerá con el testamento cerrado y sellado, o lo cerrará y sellará en el acto, ante el Notario que haya de autorizarlo.

c) Manifestación del testador.

En presencia del Notario, manifestará el testador por sí, o por medio del intérprete previsto en el artículo 684, que el pliego que presenta contiene su testamento, expresando si se halla escrito y firmado por él o si está escrito de mano ajena o por cualquier medio mecánico y firmado al final y en todas sus hojas por él o por otra persona a su ruego.

d) Acta de otorgamiento.

Sobre la cubierta del testamento extenderá el Notario la correspondiente acta de su otorgamiento, expresando el número y la marca de los sellos con que está cerrado, y dando fe del conocimiento del testador o de haberse identificado su persona en la forma prevenida en los artículos 685 y 686, y de hallarse, a su juicio, el testador con la capacidad legal necesaria para otorgar testamento.

e) Lectura, conformidad y firma del acta.

Extendida y leída el acta, la firmará el testador que pueda hacerlo y, en su caso, las personas que deban concurrir, y la autorizará el Notario en su signo y firma.

4.4. Trámites posteriores a su otorgamiento

Tras su otorgamiento, requiere este testamento unas formalidades complementarias o posteriores.

Conservación

El art. 711 CC:

El testador podrá conservar en su poder el testamento cerrado, o encomendar su guarda a persona de su confianza, o depositarlo en poder del Notario autorizante para que lo guarde en su archivo.

Presentación

Se refieren a ello los arts. 712 y 713 CC.

Art. 712 CC:

> *1. La persona que tenga en su poder un testamento cerrado deberá presentarlo ante Notario competente en los diez días siguientes a aquel en que tenga conocimiento del fallecimiento del testador.*
>
> *2. El Notario autorizante de un testamento cerrado, constituido en depositario del mismo por el testador, deberá comunicar, en los diez días siguientes a que tenga conocimiento de su fallecimiento, la existencia del testamento al cónyuge sobreviviente, a los descendientes y a los ascendientes del testador y, en defecto de éstos, a los parientes colaterales hasta el cuarto grado.*
>
> *3. En los dos supuestos anteriores, de no conocer la identidad o domicilio de estas personas, o si se ignorase su existencia, el Notario deberá dar la publicidad que determine la legislación notarial.*
>
> *El incumplimiento de este deber, así como el de la presentación del testamento por quien lo tenga en su poder o por el Notario, le hará responsable de los daños y perjuicios causados.*

Art. 713 CC:

> *El que con dolo deje de presentar el testamento cerrado que obre en su poder dentro del plazo fijado en el artículo anterior, además de la responsabilidad que en él se determina, perderá todo derecho a la herencia, si lo tuviere como heredero abintestato o como heredero o legatario por testamento.*

Apertura y protocolización

Las regula el art. 714 CC:

> *Para la apertura y protocolización del testamento cerrado se observará lo previsto en la legislación notarial.*

4.5. Responsabilidad del Notario y conversión del testamento cerrado nulo por defecto de forma

A tenor del art. 715 CC:

Es nulo el testamento en cuyo otorgamiento no se hayan observado las formalidades establecidas en esta sección; y el Notario que lo autorice será responsable de los daños y perjuicios que sobrevengan, si se probare que la falta procedió de su malicia o de negligencia o ignorancia inexcusables. Será válido, sin embargo, como testamento ológrafo, si todo él estuviere escrito y firmado por el testador y tuviere las demás condiciones propias de este testamento.

5. LOS TESTAMENTOS COMUNES EXCEPCIONALES

El Código Civil no hace distinciones sino entre testamentos comunes y especiales. Estos últimos se tratan dentro de este capítulo, pero antes de entrar en su estudio, cabe referirse a la categoría de los testamentos comunes pero excepcionales, esto es, a aquellos que tienen alguna especialidad por el sujeto o por las circunstancias en que se otorgan, que hacen que concurran en ellos alguna especificidad que los singulariza.

Especialidad que, desde luego, se superpone dentro de la forma común correspondiente (testamento abierto o cerrado). En el caso del testamento ológrafo, está claro que, por sus circunstancias, no cabe hablar de formas excepcionales.

5.1. Testamento abierto del ciego y del sordo que no sabe o no puede leer

Lo regula el art 697.2 CC:

Si el testador que no supiese o no pudiese leer fuera enteramente sordo, los testigos leerán el testamento en presencia del Notario y deberán declarar que coincide con la voluntad manifestada.

5.2. Testamento otorgado en peligro inminente de muerte

Conforme al art. 700 CC:

Si el testador se hallare en peligro inminente de muerte, puede otorgarse el testamento ante cinco testigos idóneos sin necesidad de Notario.

La doctrina y la jurisprudencia han señalado sus requisitos:

a) Que el testador sea plenamente capaz

Este requisito es común a todos los testamentos, pero es quizá en esta forma testamentaria en la que mayores quiebras se pueden producir, por dos razones: porque la inminencia del peligro de muerte, su causa (enfermedad, etc.), puede producir una disminución de la capacidad intelectiva y volitiva del testador, y porque la ausencia del Notario hará recaer de forma exclusiva en los testigos —legos en esta materia— la apreciación de su capacidad.

b) Que exista peligro inminente de muerte

El problema radica en determinar cuándo existe este peligro inminente. El Tribunal Supremo ha señalado reiteradamente que no basta para recurrir a esta forma testamentaria el padecimiento de una grave enfermedad, sino que es necesario que el peligro de muerte sea grave y acuciante, inminente. Por otra parte, la apreciación de la existencia del inminente peligro de muerte corresponde al Tribunal de Instancia y, de no probarse este, el testamento es nulo.

c) Que no pueda contarse con la presencia del notario

La doctrina, de forma unánime, ha exigido la concurrencia de este requisito, no obstante no exigirlo expresamente el legislador. Y la jurisprudencia es también constante en su exigencia, impuesta por numerosas sentencias.

d) Que se otorgue ante cinco testigos idóneos

Esta es una especialidad de este testamento que tiene como finalidad el evitar o dificultar la existencia de confabulaciones, más difíciles —aunque siempre posibles— cuanto mayor sea el número de las personas que hayan de concurrir al otorgamiento de este testamento.

Al ser un requisito formal, debe exigirse con todo rigor que los testigos no estén incursos en ninguna de las causas de incapacidad del art. 681 CC (salvo el caso del Notario autorizante, que no existirá) y, también, del art. 682 CC.

e) Que el testador manifieste su voluntad de testar

Entendido de una doble forma: que se quiera testar, es decir, que la manifestación del testador sea realmente testamentaria y que se manifieste tal voluntad testamentaria a los testigos, como si de un testamento común se tratara, lo cual supone que el testador debe expresar nítida e indubitadamente su voluntad, sin que valga la utilización de gestos o la contestación con signos o monosílabos a preguntas de terceros.

f) Que el testamento se escriba, siendo posible

Así lo establece expresamente el art. 702 CC:

> *En los casos de los artículos anteriores, se escribirá el testamento, siendo posible; no siéndolo, el testamento valdrá aunque los testigos no sepan escribir.*

La nulidad de este caso exigirá dos requisitos: uno subjetivo, que alguno de los presentes (testador o testigos) sepa y pueda escribir, y otro objetivo, que físicamente se pueda escribir, por existir medios materiales para ello.

En caso de que se pueda escribir el testamento, cabe que lo escriban las siguientes personas:

— los testigos, respecto de los que el Código admite que no sepan hacerlo;

— el testador, en cuyo caso podría llegar a valer el testamento como ológrafo si se cumplen los requisitos legales para ello, supuesto en que valdría como tal aunque no concurrieran los requisitos para valer como otorgado en peligro inminente de muerte (por inidoneidad del testador, por ejemplo).

Si, en otro caso, el testamento no puede escribirse, valdrá como testamento oral y deberá también someterse al mismo procedimiento al que nos referiremos después; el legislador admite, pues, que el mero testimonio de los testigos sirva como testamento (art. 702 CC *in fine).*

g) Que se cumplan las formalidades legales para la validez del testamento abierto

Conforme ha señalado acertadamente el Tribunal Supremo en sentencia de 5 de mayo de 1897, «las mayores facilidades que se dan para el otorgamiento de los testamentos en peligro inminente de muerte, y en tiempo de epidemia, no excluyen el cumplimiento de todos los demás requisitos esenciales que para el testamento abierto se exigen en la misma sección en que aquéllos se encuentran incluidos, siempre que sean racionalmente compatibles con las condiciones de su otorgamiento». Tal formulación, dogmáticamente impecable, ha sido sin embargo matizada por sentencias posteriores que distinguen dos tipos de formalidades:

a) las que constituyen formalidades esenciales del acto, que deben concurrir necesariamente en el otorgamiento (como la expresión de la voluntad por el testador, o en la intervención de los testigos), y

b) las que constituyen meras ritualidades de la escritura, que no es necesario que se cumplan (como no dejar constancia de la causa por la que no firmó un testigo).

h) Que el testamento no haya caducado

Señala en este sentido el art. 703 CC:

> *El testamento otorgado con arreglo a las disposiciones de los tres artículos anteriores quedará ineficaz si pasaren dos meses desde que el testador haya salido del peligro de muerte, o cesado la epidemia.*
>
> *Cuando el testador falleciere en dicho plazo, también quedará ineficaz el testamento si dentro de los tres meses siguientes al fallecimiento no se acude al tribunal competente para que se eleve a escritura pública, ya se haya otorgado por escrito, ya verbalmente.*

Se plantea si este testamento caduca a los dos meses de cesar el peligro inminente de muerte, o si por el contrario, caduca a los dos meses de cesar el peligro de muerte —enfermedad— aunque en su última fase la inminencia no se haya producido. El problema es importante, pues hay que determinar un *dies a quo* desde el que se computa el plazo de caducidad visto. La cuestión no es pacífica, pues los autores que la han tratado no se ponen de acuerdo, aunque parece observarse una mayoría que computa el plazo desde que la inminencia cesó, aunque subsista la enfermedad.

i) Que el testamento se eleve a escritura pública y se protocolice en la forma establecida en la legislación notarial

Recogida en el art. 704 CC:

> *Los testamentos otorgados sin la autorización del Notario serán ineficaces si no se elevan a escritura pública y se protocolizan en la forma prevenida en la legislación notarial.*

5.3. Testamento abierto otorgado en tiempo de epidemia

Siguiendo el art. 701 CC:

> *En caso de epidemia puede igualmente otorgarse el testamento sin intervención del Notario ante tres testigos mayores de dieciséis años.*

Los requisitos que debe cumplir este testamento son idénticos a los que debe cumplir el otorgado en peligro inminente de muerte, siendo sus especialidades: la necesaria existencia de epidemia, la idoneidad de los testigos y los plazos de caducidad.

a) Por lo que se refiere a la existencia de epidemia, se suelen plantear algunas preguntas sobre el alcance y contenido de la escueta referencia legal a «epidemia», esto es, a qué se entiende por epidemia. La dicción expresa del CC parece cerrar el camino a otros supuestos diversos del de la estricta epidemia.

b) Si es necesario que la epidemia se declare oficialmente. Parece que será necesario, además de esa declaración, que la epidemia produzca una situación de alteración tal de las circunstancias que tenga que acudirse a la aplicación de esta forma excepcional por encima de las comunes ordinarias.

c) Quiénes pueden utilizar este testamento. Podrán recurrir a esta forma testamentaria tanto el contagiado como el que esté sin enfermar.

d) Respecto a los testigos, se exige que sean tres y mayores de dieciséis años.

e) Los plazos de caducidad son iguales que respecto del testamento en peligro de muerte, y lo único que varía es la circunstancia *a quo* desde la que se computa el plazo de dos meses. Este testamento caducará, por lo tanto y de conformidad con el art. 703 CC:

> *El testamento otorgado con arreglo a las disposiciones de los tres artículos anteriores quedará ineficaz si pasaren dos meses desde que el testador haya salido del peligro de muerte, o cesado la epidemia.*
>
> *Cuando el testador falleciere en dicho plazo, también quedará ineficaz el testamento si dentro de los tres meses siguientes al fallecimiento no se acude al tribunal competente para que se eleve a escritura pública, ya se haya otorgado por escrito, ya verbalmente.*

5.4. Testamento abierto del incapacitado judicialmente

Con carácter excepcional el art. 665 CC establece:

> *Siempre que el incapacitado por virtud de sentencia que no contenga pronunciamiento acerca de su capacidad para testar pretenda otorgar testamento, el Notario designará dos facultativos que previamente le reconozcan y no lo autorizará sino cuando éstos respondan de su capacidad.*

Parece que lo más prudente será entender, en aras de la seguridad jurídica, y a pesar de su ubicación sistemática, que esta especialidad no es aplicable al testamento cerrado.

5.5. Testamento cerrado de los que no pueden expresarse verbalmente pero sí escribir

La dicción del art. 709 CC es explícita en este caso:

> *Los que no puedan expresarse verbalmente, pero sí escribir, podrán otorgar testamento cerrado, observándose lo siguiente:*
>
> *1. El testamento ha de estar firmado por el testador. En cuanto a los demás requisitos, se estará a lo dispuesto en el artículo 706.*
>
> *2. Al hacer su presentación, el testador escribirá en la parte superior de la cubierta, a presencia del Notario, que dentro de ella se contiene su testamento, expresando cómo está escrito y que está firmado por él.*
>
> *3. A continuación de lo escrito por el testador se extenderá el acta de otorgamiento, dando fe el Notario de haberse cumplido lo prevenido en el número anterior y lo demás que se dispone en el artículo 707 en lo que sea aplicable al caso.*

5.6. Testamento en lengua que el Notario desconoce

El art. 684 CC establece:

Cuando el testador exprese su voluntad en lengua que el Notario no conozca, se requerirá la presencia de un intérprete, elegido por aquél que traduzca la disposición testamentaria a la oficial en el lugar del otorgamiento que emplee el Notario. El instrumento se escribirá en las dos lenguas con indicación de cuál ha sido la empleada por el testador.

El testamento abierto y el acta del cerrado se escribirán en la lengua extranjera en que se exprese el testador y en la oficial que emplee el Notario, aun cuando éste conozca aquélla.

6. LOS TESTAMENTOS ESPECIALES

De acuerdo con el art. 677 CC:

Se consideran testamentos especiales el militar, el marítimo y el hecho en país extranjero.

6.1. Testamento militar

Se puede definir el testamento militar como aquel que es posible otorgar en tiempo de guerra por los militares que estén en campaña y por las personas a las que la Ley se lo permite, y que se otorga, con la intervención de testigos y, en ocasiones, de funcionarios.

En cuanto a las personas que pueden otorgarlo, el art. 716 CC señala a los militares en campaña, voluntarios, rehenes, prisioneros y demás individuos empleados en el Ejército o que sigan a este.

Dos son las formas de otorgar este testamento: la ordinaria y la extraordinaria.

A) Forma ordinaria

Si el testamento es abierto, se le aplican los artículos 716, 717, 718 y 719 CC.

Art. 716 CC:

En tiempo de Guerra, los militares en campaña, voluntarios, rehenes, pri-

sioneros y demás individuos empleados en el ejército, o que sigan a éste, podrán otorgar su testamento ante un Oficial que tenga por lo menos la categoría de Capitán.

Art. 717 CC:

También podrán las personas mencionadas en el artículo anterior otorgar testamento cerrado ante un Comisario de guerra, que ejercerá en este caso las funciones de Notario, observándose las disposiciones de los artículos 706 y siguientes.

Art. 718 CC:

Los testamentos otorgados con arreglo a los dos artículos anteriores deberán ser remitidos con la mayor brevedad posible al Cuartel General y, por este, al Ministerio de Defensa.

El Ministerio, si hubiese fallecido el testador, remitirá el testamento al Colegio Notarial correspondiente al último domicilio del difunto, y de no ser conocido éste, lo remitirá al Colegio Notarial de Madrid.

El Colegio Notarial remitirá el testamento al Notario correspondiente al último domicilio del testador. Recibido por el Notario deberá comunicar, en los diez días siguientes, su existencia a los herederos y demás interesados en la sucesión, para que comparezcan ante él al objeto de protocolizarlo de acuerdo con lo dispuesto legalmente.

Art. 719 CC:

Los testamentos mencionados en el artículo 716 caducarán cuatro meses después que el testador haya dejado de estar en campaña.

Si el testamento es cerrado, se le aplicará el artículo 720 CC:

Durante una batalla, asalto, combate, y generalmente en todo peligro próximo de acción de guerra, podrá otorgarse testamento militar de palabra ante dos testigos.

Pero este testamento quedará ineficaz si el testador se salva del peligro en cuya consideración testó.

Aunque no se salvare, será ineficaz el testamento si no se formaliza por los testigos ante el Auditor de guerra o funcionario de justicia que siga al ejército, procediéndose después en la forma prevenida en el artículo 718.

B) Forma extraordinaria

Ocurrirá con ocasión de una acción bélica o peligro próximo de ella.

Podrá ser abierto, regulado en el art. 720 CC:

> *Durante una batalla, asalto, combate y generalmente en todo peligro próximo de acción de guerra, podrá otorgarse testamento militar de palabra ante dos testigos.*
>
> *Pero este testamento quedará ineficaz si el testador se salva del peligro en cuya consideración testó.*
>
> *Aunque no se salvare, será ineficaz el testamento si no se formaliza por los testigos ante el Auditor de guerra o funcionario de justicia que siga al ejército, procediéndose después en la forma prevenida en el artículo 718.*

O bien cerrado, art 721 CC:

> *Si fuere cerrado el testamento militar, se observará lo prevenido en los artículos 706 y 707; pero se otorgará ante el Oficial y los dos testigos que para el abierto exige el artículo 716, debiendo firmar todos ellos el acta de otorgamiento, como asimismo el testador, si pudiere.*

6.2. Testamento marítimo

Lo define PUIG PEÑA como «aquel testamento que pueden otorgar todos aquellos que vayan a bordo de una nave en un viaje marítimo». De la definición formulada se desprenden dos requisitos que deben concurrir en este testamento:

a) Que el testador se encuentre a bordo de una nave. Tal exigencia debe interpretarse en el sentido de permitir que recurran a este testamento quienes estén a bordo del barco, aunque este no haya levado anclas. La posibilidad de otorgar este testamento se extiende a toda la singladura, desde el puerto de salida hasta el de destino, e incluyendo —según algunos autores— la posibilidad de otorgarlo en las escalas intermedias.

b) Que la embarcación en la que se testa realice un viaje marítimo.

Sobre la posibilidad de entender aplicable este testamento a los otorgados a bordo de aeronaves, es difícil admitir que quepa tal extensión, ya que ello puede resultar peligroso tratándose de una forma testamentaria excepcional, aunque haya identidad de razón. Piénsese, por otra parte, que el Código se refiere a las «aeronaves» al permitir que en las mismas se celebre el «matrimonio en peligro de muerte» (art. 52.3, redactado por Ley de 7 de julio de 1981).

En cualquier caso, la dificultad de extender esta forma testamentaria a supuestos distintos de los expresamente previstos en la Ley se salva, en ocasiones, por la posibilidad —que siempre se excepciona— de que el testador haga testamento ológrafo si tiene capacidad para ello. A esa situación se refiere, precisamente, el art. 729 CC, incardinado dentro de la sección en la que se regula el testamento marítimo, estableciendo que,

> *Si fuera ológrafo el testamento y durante el viaje falleciera el testador, el Comandante o Capitán recogerá el testamento para custodiarlo, haciendo mención de ello en el Diario, y lo entregará a la Autoridad marítima local, en la forma y para los efectos prevenidos en el artículo anterior, cuando el buque arribe al primer puerto del Reino.*

Por último señalar que este testamento también admite dos modalidades: la forma ordinaria y la extraordinaria.

A) Forma ordinaria

El testamento marítimo ordinario puede ser abierto o cerrado; ambos exigen similares requisitos, que están regulados en los artículos 722 a 730 del CC.

Art. 722 CC:

> *Los testamentos, abiertos o cerrados, de los que durante un viaje marítimo vayan a bordo, se otorgarán en la forma siguiente:*
>
> *Si el buque es de guerra, ante el Contador o el que ejerza sus funciones, en presencia de dos testigos idóneos, que vean y entiendan al testador. El Comandante del buque, o el que haga sus veces, pondrá además su V.º B.ª.*
>
> *En los buques mercantes autorizará el testamento el Capitán o el que haga sus veces, con asistencia de dos testigos idóneos.*

En uno y otro caso los testigos se elegirán entre los pasajeros, si los hubiere; pero uno de ellos, por lo menos, ha de poder firmar, el cual lo hará por sí y por el testador, si éste no sabe o no puede hacerlo.

Si el testamento fuera abierto, se observará además lo prevenido en el artículo 695, y, si fuere cerrado, lo que se ordena en la sección sexta de este capítulo, con exclusión de lo relativo al número de testigos e intervención del Notario.

Art. 723 CC:

El testamento del Contador del buque de guerra y el del Capitán del mercante serán autorizados por quien deba sustituirlos en el cargo, observándose para lo demás lo dispuesto en el artículo anterior.

Art. 724 CC:

Los testamentos abiertos hechos en alta mar serán custodiados por el Comandante o por el Capitán, y se hará mención de ellos en el Diario de navegación.

Art. 725 CC:

Si el buque arribase a un puerto extranjero donde haya Agente diplomático o consular de España, el Comandante del de guerra, o el Capitán del mercante, entregará a dicho agente copia del testamento abierto o del acta de otorgamiento del cerrado, y de la nota tomada en el Diario.

La copia del testamento o del acta deberá llevar las mismas firmas que el original, si viven y están a bordo los que lo firmaron; en otro caso será autorizada por el Contador o Capitán que hubiese recibido el testamento, o el que haga sus veces, firmando también los que estén a bordo de los que intervinieron en el testamento.

El Agente diplomático o consular hará extender por escrito diligencia de la entrega, y, cerrada y sellada la copia del testamento o la del acta del otorgamiento si fuere cerrado, la remitirá con la nota del Diario por el conducto correspondiente al Ministro de Marina, quien mandará que se deposite en el Archivo de su Ministerio.

El Comandante o Capitán que haga la entrega recogerá del Agente diplomático o consular certificación de haberlo verificado, y tomará nota de ella en el Diario de navegación.

Art. 726 CC:

> *Cuando el buque, sea de guerra o mercante, arribe al primer puerto del Reino, el Comandante o Capitán entregará el testamento original, cerrado y sellado, a la Autoridad marítima local, con copia de la nota tomada en el Diario; y, si hubiese fallecido el testador, certificación que lo acredite.*
>
> *La entrega se acreditará en la forma prevenida en el artículo anterior, y la Autoridad marítima lo remitirá todo sin dilación al Ministro de Marina.*

Art. 727 CC:

> *Si hubiese fallecido el testador y fuere abierto el testamento, el Ministro de Marina practicará lo que se dispone en el artículo 718.*

Art. 728 CC:

> *Cuando el testamento haya sido otorgado por un extranjero en buque español, el Ministro de Marina remitirá el testamento al de Estado, para que por la vía diplomática se le dé el curso que corresponda.*

Art. 729 CC:

> *Si fuere ológrafo el testamento y durante el viaje falleciera el testador, el Comandante o Capitán recogerá el testamento para custodiarlo, haciendo mención de ello en el Diario, y lo entregará a la Autoridad marítima local, en la forma y para los efectos prevenidos en el artículo anterior, cuando el buque arribe al primer puerto del Reino.*
>
> *Lo mismo se practicará cuando sea cerrado el testamento, si lo conservaba en su poder el testador al tiempo de su muerte.*

Art. 730 CC:

> *Los testamentos, abiertos y cerrados, otorgados con arreglo a lo prevenido en esta sección, caducarán pasados cuatro meses, contados desde que el testador desembarque en un punto donde pueda testar en la forma ordinaria.*

B) Forma extraordinaria

Solo regulada en su forma abierta para los testamentos marítimos extraordinarios, dispone el art. 731 CC:

> *Si hubiera peligro de naufragio, será aplicable a las tripulaciones y pasajeros de los buques de guerra o mercantes lo dispuesto en el art. 720.*

Es decir, la posibilidad de otorgar testamento abierto de palabra ante dos testigos.

6.3. Testamento otorgado por españoles en el extranjero

Dos son las formas que el testador podrá utilizar para testar fuera de España, o bien hacerlo con arreglo a la ley española, o bien hacerlo con arreglo a la ley extranjera. Y en ambos casos, tal posibilidad quedará condicionada a que ambas leyes lo permitan.

Señala el art. 732 CC:

> *Los españoles podrán testar fuera del territorio nacional, sujetándose a las formas establecidas por las leyes del país en que se hallen.*
>
> *También podrán testar en alta mar durante su navegación en un buque extranjero, con sujeción a las leyes de la nación a que el buque pertenezca.*

Continúa en el art. 733 CC:

> *No será válido en España, el testamento mancomunado, prohibido por el artículo 669, que los españoles otorguen en país extranjero, aunque lo autoricen las leyes de la nación donde se hubiese otorgado.*

Se señala posibilidad de hacerlo ante el agente diplomático o consular español en el extranjero en el art. 734 CC:

> *También podrán los españoles que se encuentren en país extranjero otorgar su testamento, abierto o cerrado, ante el funcionario diplomático o consular de España que ejerza funciones notariales en el lugar del otorgamiento.*

En estos casos, añade el párrafo segundo,

> *Se observarán respectivamente todas las formalidades establecidas en las secciones quinta y sexta de este capítulo.*

Posteriormente el agente diplomático o consular español,

Art. 735 CC:

> *El Agente diplomático o consular remitirá, autorizada con su firma y sello, copia del testamento abierto, o del acta de otorgamiento del cerrado, al Ministerio de Estado para que se deposite en su Archivo.*

Art. 736 CC:

> *El Agente diplomático o consular, en cuyo poder hubiese depositado su testamento ológrafo o cerrado un español, lo remitirá al Ministerio de Estado cuando fallezca el testador, con el certificado de defunción.*
>
> *El Ministerio de Estado hará publicar en la Gaceta de Madrid, la noticia del fallecimiento, para que los interesados en la herencia puedan recoger el testamento y gestionar su protocolización en la forma prevenida.*

7. EL REGISTRO GENERAL DE ACTOS DE ÚLTIMA VOLUNTAD

7.1. Concepto

Una de las características fundamentales del testamento para que despliegue su plena eficacia es el hecho de que, dado que ha de ser el que contenga la última voluntad del testador y teniendo en juego los supuestos de revocación que se expondrán en este libro, sería una labor prácticamente imposible conocer con certeza, fallecida una persona, cuál es su último testamento y poder lograr que sus disposiciones cobren total eficacia.

Para facilitar esta labor, existe en España el llamado «Registro General de Actos de Última Voluntad», que hoy en día está regulado por el Anexo II del Reglamento Notarial de 2 de junio de 1944, mediante la toma de razón y certificación de los testamentos o actos de última voluntad otorgados ante Notario en territorio español o ante agente diplomático o consular español en el extranjero.

7.2. Organización

En general, para todo tipo de disposiciones testamentarias, el Registro se lleva en la Dirección General de los Registros y del Notariado, dependiente del Ministerio de Justicia. Dicho Registro está hoy en día informatizado.

Art. 4:

El Registro General de Actos de Última Voluntad se llevará por procedimientos informáticos. Respecto de cada uno de los otorgantes se expresará: el nombre, apellidos, lugar de nacimiento y Documento Nacional de Identidad; el estado, expresándose el nombre y apellidos del cónyuge del testador, si fuere casado, y el nombre de los padres. Se expresarán, también, el nombre y apellidos del Notario o funcionario que haya autorizado o protocolizado el acto de última voluntad, o el Juez o Tribunal que haya dictado la ejecución; y el lugar, fecha y clase del acto de última voluntad y aquellas otras circunstancias que se determinen.

Art. 11:

Los Curas párrocos y Notarios de la Península e islas adyacentes que de cualquier modo intervengan en los otorgamientos y protocolizaciones y actas notariales que se relacionan en el artículo tercero, dirigirán dentro de tercero día al Decanato del respectivo Colegio Notarial una comunicación en la que, por párrafos separados y numerados, se consignen las noticias determinadas en el artículo cuarto. En el caso de no poder expresarlas todas, manifestarán que son las únicas adquiridas.

Los Agentes diplomáticos o consulares de España en el extranjero remitirán a la Dirección General la comunicación que expresa el párrafo precedente en el primer correo que puedan utilizar.

Los Decanatos facilitarán a los Notarios del respectivo Colegio oficios impresos para las comunicaciones.

La Dirección General y los Decanos, respectivamente, acusarán recibo a los Agentes diplomáticos o consulares, así como a los Párrocos, por medio de oficio, que éstos deberán conservar.

Si transcurrido el tiempo necesario para recibir el oficio no llegare a poder de dichos funcionarios, repetirán la comunicación hasta obtenerlo. Los Jueces y Tribunales respectivos consignarán igualmente en comunicación al Decano del Colegio Notarial los datos necesarios para llenar las casillas en la tarjetas a que se refiere el artículo cuarto cuando proceda, según los casos.

Los Decanos acusarán el correspondiente recibo a los respectivos Notarios dentro del tercer día, mediante una tarjeta igual a las usadas para la Dirección General, en la que, además, se exprese que corresponde al oficio recibido según su número especial. Con tales tarjetas formarán los Notarios un Registro o fichero de últimas voluntades.

7.3. Actos registrables

Art. 3:

En el Registro general se tomará razón:

a) De los testamentos abiertos, de la autorización del acta de otorgamiento y protocolización de los cerrados o sus respectivas revocaciones de las donaciones «mortis causa» y, en general, de todo acto relativo a la expresión o modificación de la última voluntad autorizado por el Notario de la Península e islas adyacentes, posesiones del Norte de África y demás territorios de soberanía nacional; por Cura párroco, en los puntos en que por ley, fuero o costumbre tenga esta facultad, o por Agente diplomático o consular de España en el extranjero.

b) De los testamentos ológrafos, si los otorgantes lo desean y lo hacen constar por medio de acta notarial, en que se expresen la fecha y lugar de su otorgamiento y las demás circunstancias personales expresadas en el artículo siguiente.

c) De la protocolización de los testamentos ológrafos, si los otorgantes lo desean y lo hacen constar por medio de acta notarial, en que expresen la fecha y lugar de su otorgamiento y las demás circunstancias personales expresadas en el artículo siguiente.

c) De la protocolización de los testamentos ológrafos y de los abiertos otorgados sin autorización de Notario, de los testamentos otorgados por militares con arreglo a los artículos 716 y 717 del Código Civil y de los otorgados en viaje marítimo.

d) Las personas que, residiendo o hallándose accidentalmente en el extranjero otorgaren testamento ante funcionario del país en que se halle, podrán hacer constar el hecho de este otorgamiento ante el Agente diplomático o consular de España, suscribiendo un acta en la que constará su nombre y apellidos, estado, nombre y apellidos del cónyuge, si fuere casado o viudo, naturaleza y vecindad, nombre de los padres, nombre y apellidos del funcionario que haya autorizado el acto, población en que tenga lugar, fecha y clase de instrumento. El representante diplomático o consular de España, dará referencia de dichas actas, con transcripción de todos sus datos, al Registro general de actos de última voluntad.

e) De las ejecutorias que afecten a la validez o nulidad de los testamentos y demás actos de última voluntad.

7.4. Publicidad del Registro General

a) En vida del testador, el Registro es reservado en general, Art. 5. 1, 2:

El Registro general y los particulares de cada Colegio o Notaría serán reservados, bajo la responsabilidad del personal destinado a este servicio en la Dirección y en los Decanatos de los Colegios Notariales.

Solo podrán expedirse certificaciones de lo que resulte del Registro general en los casos siguientes:

1. Cuando las pidan los Jueces o Tribunales u otras autoridades para asuntos del servicio, expresando cuál sea.

2. Cuando las soliciten los mismos otorgantes, acreditando su personalidad, o mandatario con poder especial otorgado ante Notario.

b) Fallecido el testador, el Registro es público, Art. 5.3

Cuando se pidan por cualquiera persona, si acredita o consta ya acreditado con documento fehaciente el fallecimiento de aquélla de quien se desee saber si aparece o no registrado algún acto de última voluntad, siempre que hayan transcurrido quince días desde la fecha de la defunción.

Hoy en día, cabe hacer las solicitudes por vía telemática, de conformidad con lo establecido en la Instrucción de 22 de enero de 2008, de la DGRN.

Las certificaciones podrán ser negativas (si no apareciere en el Registro el otorgamiento de ninguna disposición de última voluntad por el causante) o positivas, en cuyo caso deberán expresar todas las disposiciones que aparezcan como otorgadas por la persona de que se trate, indicando el lugar de su otorgamiento, el día y el Notario autorizante (o quien lo autorizara si no fuera testamento notarial).

7.5. Valor de las certificaciones

La certificación de este Registro es obligatoria (art. 15):

> *Siempre que ante cualquier Juzgado se solicite declaración de que una personal ha fallecido «ab intestato» o la aprobación de particiones practicadas en virtud de cualquier acto de última voluntad, se presentará el respectivo certificado, en el que se consignen los testamentos registrados o expresión de que no consta ninguno del causante.*
>
> *El certificado se unirá a los autos, y el Juez, sin perjuicio de que en su vista acuerde lo que estime procedente, cuidará, al hacer la declaración de herederos o al aprobar las particiones, de que se consigne en el auto correspondiente el contenido de la certificación.*
>
> *Los Notarios que sean requeridos para autorizar actos de adjudicación o partición de bienes adquiridos por herencia testada, exigirán que los interesados les presenten certificado en que conste si existe o no registrado algún acto de última voluntad del causante.*

Queda por último señalar que la certificación de este Registro es un documento público, que se limita a indicar la existencia de los actos *mortis causa,* sin responder de su validez y autenticidad, ni de que no existan otros que los desvirtúen.

CAPÍTULO 3
EL CONTENIDO DE LA SUCESIÓN TESTAMENTARIA: LA INSTITUCIÓN DE HEREDERO

1. LA INSTITUCIÓN DE HEREDERO. EL CONCEPTO DEFINITORIO. ANÁLISIS DE SUS REQUISITOS

El sucesor universal y por ende heredero es quien recibe la totalidad de las relaciones patrimoniales del causante o una parte del relictum. Como dice con razón CASTÁN la institución de heredero no depende de la denominación que dé el testador a su disposición (arts. 668, apartado 2, y 768).

En cuanto a la designación, ésta puede ser nominal (*vide,* art. 772, apartado 1°), es decir, expresando su nombre y apellido, en función de ser un modo fácil de identificación del sujeto.

Otra forma, cuando no se cita nominalmente, es la designación por circunstancias, siempre y cuando conste de manera indubitada la voluntad del testador, designando al llamado de un modo determinado y preciso, sin que cupiera incertidumbre alguna, por lo que en tal caso se tendrá por eficaz el nombramiento. Pues, como ha reconocido en este punto la jurisprudencia, es válida la institución en la que claramente se expresan las circunstancias que habrán de concurrir en la persona del instituido que le individualizan en la mente del testador y excluyen toda incertidumbre respecto del mismo en cuanto por ellas puede venirse en conocimiento de cuál fuese el favorecido por la institución.

Aunque volvamos *infra* a hablar de peculiaridades de las formas de designación, también encontramos designaciones genéricas en cuanto al favorecido, así cuando el testador instituye a personas o clases determinadas, p.ej., al alma, a los pobres, a los parientes (vide, arts. 671, 749, 751 especialmente).

En relación con lo expuesto precedentemente sobre la designación nominal, señala el art. 773 que: "el error en el nombre, apellido o cualidades del heredero no vicia la institución cuando de otra manera puede saberse ciertamente cuál sea la persona nombrada. Si entre las personas del mismo nombre y apellido hay igualdad de circunstancias y éstas son tales que no permiten distinguir al instituido, ninguno será heredero".

Es decir, que el error no tiene que afectar a la identidad del sujeto, de suerte que si en el supuesto de hecho hubiese error en el nombre, apellido o circunstancia del designado que enerva el conocimiento del favorecido, en tanto en cuanto no hay constancia inequívoca de la voluntad real del testador, la institución devendrá ineficaz.

Otro de los requisitos es el carácter *intuitus personae.* Es decir, debe hacerse la institución personalmente por el testador, pues este carácter deviene elemento esencial en la testamentificación, por lo que a tenor de lo dispuesto en el art. 670 Cc el testamento es un acto personalísimo, sin que pueda dejarse su formación, en todo ni en parte, al arbitrio de un tercero, ni hacerse por medio de comisario o mandatario.

Como excepciones a esta regla encontramos lo dispuesto en el art. 671 Cc «podrá el testador encomendar a un tercero la distribución de las cantidades que deje en general a clases determinadas, como a los parientes, a los pobres a los establecimientos de beneficencia, así como la elección de las personas o establecimientos a quienes aquéllas deban aplicarse».

Otra excepción al carácter personalísimo la encontramos en el art. 831 Cc (delegación de la facultad de mejorar).

Otra de las peculiaridades o requisitos es que se determine la persona del heredero, ya que a tenor de lo dispuesto en el art. 750 Cc «toda disposición en favor de persona incierta será nula, a menos que por algún evento pueda resultar cierta.

2. FORMAS DE HACER LA DESIGNACION DEL HEREDERO

El art. 772, además de hacerse la designación con el nombre y apellidos admite que lo sea por otras circunstancias o señales por las que no pueda dudarse de quien sea el instituido, ya es válida la institución en la que claramente se expresan las circunstancias que habrán de concurrir en la persona del instituido que le individualizan en la mente del testador y excluyen toda incertidumbre respecto del mismo en cuanto por ellas puede venirse en conocimiento de cual fuese el favorecido por la institución (sentencias 21 diciembre 1929, 2 julio 1977, entre otras). Resumiendo por tanto podemos concluir que lo normal será la designación nominal, si bien la jurisprudencia, abundando en lo que establece el derecho positivo (ex art. 772 Cc) admite de igual modo la validez del nombramiento no nominal, es decir, la designación por circunstancias, siempre que sea inequívoco y no dé lugar a incertidumbre alguna (art. 772 ap. II),así como la designación *in genere,* cuando la institución se hace en favor de personas o clases determinadas genéricamente (v.gr., así instituciones en favor del alma, en favor de los pobres, de los parientes). Estos casos son excepciones a la regla general del art. 750 que exige inexcusablemente como regla la certeza en el instituido, si bien no se erige en requisito constitutivo una identificación ad personam, como a la sazón exigían los textos clásicos, sino una disposición que inequívocamente revele cuál es la voluntad del testador, es decir que su designación se haga de manera que no pueda dudarse quién sea el favorecido.

En fin, dice el art. 772 que el testador designará al heredero por su nombre y apellidos, y cuando halla dos que los tenga iguales deberá señalar alguna circunstancia por la que se conozca al instituido. Como dice LACRUZ el precepto sólo tiene virtualidad en el caso de nombres coincidentes: fuera de ellos rige la norma general de que basta la simple determinabilidad del sucesor, y así lo confirma el párrafo 2° del art. 772 al establecer que aunque el testador haya omitido el nombre del heredero silo designase de modo que no pueda dudarse quién sea el instituido, valdrá la institución.

A este respecto puede completarse lo dicho trayendo a colación lo dispuesto en el apartado segundo del art. 773 «si entre personas del mismo nombre y apellido hay igualdad de circunstancias, y éstas son tales que no permiten distinguir al instituido ninguno será heredero». Quiere significarse con ello que no puede llegarse al convencimiento o saber inconcusamente, quien es la persona favorecida en la designación, y por tanto se afecta en lo esencial a la identidad del instituido, o lo que es lo mismo no puede ser válido el nombramiento porque no se ha logrado excluir la incertidumbre en la designacion.

En conclusión el error en el nombre o apellido o cualidades del heredero no vicia la institución, cuando pueda saberse ciertamente cuál sea la persona nombrada, como así lo expresa el párrafo primero del art. 773. Y a mayor abundamiento si no puede saberse quién es el designado, cuando en el grupo de favorecidos los hay del mismo nombre e igualdad de circunstancias ninguna será heredero, ya que participamos de la regla general del art. 750 Cc, ya que en tal hipótesis estamos en presencia de una disposición de persona incierta, y por ninguna circunstancias o evento puede resultar cierta, es decir determinarse su identificación.

El art. 773 se ocupa del error en la declaración o error en la expresión, mientras que el 767 se refiere al error determinante o error vicio. En conclusión de los arts. 772 y 773 se puede decir que basta la certeza de la voluntad dispositiva, siempre que encuentre algún reflejo en el testamento para que se la pueda considerar eficaz más allá del error y por encima de él.

Todo ello es coherente con la regla prioritaria en el orden sucesorio cual es la *voluntas testatoris* (art. 675) acorde con la tendencia espiritualista que rige interpretación ex testamen ti.

3. LA INSTITUCION CONDICIONAL

3.1. Concepto

Explicaba Royo Martínez que como la disposición *mortis causa* es una liberalidad, en ellas el Derecho permite mayores graduaciones a la voluntad dispositiva, porque quien brinda algo a otro sin pedirle nada a cambio, parece justo ofrecerle la posibilidad de que atempere a su gusto los supuestos de eficacia o ineficacia de su voluntad, el fin y el destino, último de los bienes que cede y las limitaciones que ponga a quienes los reciben.

La institución de heredero y/o legatario condicional y sus clases y efectos están admitidos en nuestro Derecho (arts. 790 y ss.).

3.2. La condición suspensiva. La condición pendiente: Transmisión de derechos

¿Cómo podemos establecer de manera sencilla el dubium del problema? Sería el siguiente: transmisión de los derechos en una sucesión condicional y/o a término, cuando el instituido sub conditione o a término –inicial o final– fallece antes del cumplimiento de la condición y/o el término.

Esto supuesto: la complicación se centra en la aparente antinomia y/o contradictio in terminis entre dos preceptos: el art. 759 y el 799 cuyo tenor es el siguiente:

> *«El heredero o legatario que muera antes de que la condición se cumpla, aunque sobreviva al testador no transmite derecho alguno a sus herederos.»*

> *«La condición suspensiva no impide al heredero o legatario adquirir sus respectivos derechos y transmitirlos a sus herederos, aun antes que se verifique su cumplimiento.»*

Una lectura comparativa de sendos artículos conducen prima facie a una solución contradictoria ya que a tenor del 759 se sienta la intransmisibilidad de derechos antes del cumplimiento de la condición; sin embargo, en virtud del 799 «la condición suspensiva no impide a heredero o legatario adquirir sus respectivos derechos y transmitirlos a sus herederos, aun antes de que se verifique su cumplimiento».

Es claro que el instituido (heredero o legatario) a término, si fallece antes de su llegada transmite su derecho a sus sucesores. Ya que aquí el vencimiento del plazo, necesariamente se va a producir, aunque se ignore cuándo (a diferencia del evento condicional incierto en cuanto al hecho mismo de si acaecerá o no); con lo que si bien no es efectiva in actu la institución, ello no obsta a que se originen «desde luego» derechos (y por ende transmisibles) en favor del instituido. Esto no sucede en la condición, ya que si el instituido fallece en el interin de la pendencia de la condición, al no haber nacido el derecho, nada puede transmitir a sus herederos.

En el caso del término inicial podría parecer más real la construcción de que la delación se produce al morir el causante. Pero para adoptar la tesis de que tiene lugar cuando llegue el día, nos ha inclinado decisivamente la analogía del caso con el de la sustitución fideicomisaria en la que la delación a favor del fideicomisario se produce, no cuando muere el fideicomitente, sino cuando llega el día en que el fideicomisario puede hacer suya la herencia).

El llamado *subconditione* que fallece después del testador, pero antes del cumplimiento de la condición, está en la misma condición que el heredero voluntario que premuere al testador (vide art. 766 Cc). Por lo que aplicando los presupúestos del mencionado precepto sic et simpliciter, a nuestro caso, para que opere el *ius transmissionis*, es preciso que: 1) Viva después del cumplimiento de la condición. 2) Fallezca antes de aceptar. 3) Y naturalmente, que no fuera incapaz (v.gr., resultase indigno).

Así las cosas, se producirá el *ius transmissionis* a los herederos del instituido, por lo que resulta claro que cuando el instituido sub conditione, aun sobreviviendo al testador, fallece antes del cumplimiento de la condición, no adquirirá ningún derecho por lo que la disposición testamentaria devendrá ineficaz a no ser que el testador hubiese establecido para tal evento una sustitución vulgar expresa, caso que no llegase a perfeccionarse la delación a favor del llamado «condicional».

Pero para el caso de la condición, la respuesta es negativa en principio (porque cabe que el testador ordene lo contrario, ya que la regulación legal del tema no es imperativa, sino simplemente dispositiva); (con lo que los herederos del instituido, no reciben la expectativa que éste tenía, sino que se produce la delación de la herencia a favor de quien tuviese derecho a heredar en defecto de aquél), según la jurisprudencia y la opinión común de los autores. Mientras que para el caso del término, la respuesta es afirmativa.

3.3. Los efectos de la administración de la herencia sub condifione

El estado de la cuestión es el siguiente: cuando hay un llamamiento condicional, hasta que la condición no se cumpla, se origina una situación de pendencia, por lo que hasta que la delación no se produzca la herencia se pondrá en administración.

Podemos resumir a nuestro entender el problema debatido de la siguiente manera:

Sabemos que es innato a la condición suspensiva la dilación en la formación del derecho, y que durante este *ínterin* de tiempo, se crea un estado jurídico de incertidumbre, es decir una indeterminación transitoria del heredero pues en tales supuestos la suspensión del llamamien tono no sólo afecta a la ejecución de lo dispuesto, sino a la efectividad de la propia disposición testamentaria. Consecuentemente en el caso de herencia penden te condictione se aplican los arts. 801 a 804 Cc, y afortiori, este último precepto remite al art. 186 en cuanto a la aplicación 403 mutatis mutandis de la administración y disposición de los bienes del ausente para poder gravar, enajenar o hipotecar los bienes.

En fin, dicha administración al tenor de los preceptos indicados se atribuirá:

a) Al heredero o herederos instituido con condición cuando entre ellos y el instituido sub conditione hubiese derecho de acrecer.

b) Si no tuviere coherederos, o teniéndolos no hubiese acrecimiento entonces el instituido condicionalmente entraría en la herencia, si presta fianza.

c) Si no la diere, corresponderá al «heredero presunto», esto es al sucesor intestado; al sustituto vulgar también prestando fianza.

d) Cuando ni el instituido condicional ni el heredero presunto diesen fianza los tribunales nombrarán a un «administrador» que se hará cargo de ella también bajo fianza, con intervención del llamado *sub conditione.*

En cuanto al modo de actuar los administradores, hay que tener en cuenta que por la expresa remisión del art. 804 al art. 185 Cc, aquéllos ostentan los mismos derechos y obligaciones que el representante legal del ausente.

3.4. La condición resolutoria

En nuestro Derecho está admitida la institución condicional, y por ende la resolutoria a tenor de lo prescrito en los arts. 790, 791 y 1.114 Cc.

Entre las modalidades destacamos las siguientes, conforme ha venido entendiendo la mejor doctrina (Puig Peña, por todos).

A) *Pendente conditione:* Los efectos jurídicos del negocio testamentario resolutorio se perfeccionan «provisionalmente» y el heredero adquiere un ius vindicandi. Podrá, pues, el instituido reclamar los bienes de la herencia y el legatario con condición resolutoria pendiente podrá exigir el pago de la manda al heredero, y éste tendrá que cumplirla.

Una vez en posesión de los bienes podrá el beneficiado, hasta que la condición se cumpla, comportarse como un titular pleno, y en este sentido podrá vender, gravar, mandar inscribir en el Registro, etc. Todo lo anterior; sin embargo, sujeto a la circunstancia especial que debe existir para el caso de que el acontecimiento propio de la condición resolutoria llegue a tener efectividad.

B) *Existente conditione:*

a) En ese momento, se resuelve o extingue el derecho del instituido condicionalmente y la herencia pasará a las personas designadas por el testador y, en su defecto, a los coherederos del instituido, si entre ellos existe el derecho de acrecer, y, en último término, a los parientes a quienes corresponda la sucesión legítima.

b) Como se considera que el heredero instituido con condición resolutoria decae definitivamente en su situación con efecto retroactivo, hay que entender que se resuelven asimismo los derechos concedidos medio tempore a los terceros sobre las cosas hereditarias.

En fin, entiendo que habrá que relacionar al art. 791 Cccon el art. 1.123 del Cc. Los efectos de la resolución operan *ex tunc* (esto es, desde que falleció el causante) de todas formas habrá que tratar al heredero bajo condición resolutoria como un poseedor de buena fe y aplicarle las normas de la liquidación del estado posesorio por analogía.

C) *Deficiente conditione:* El derecho condicional se perfecciona con carácter retroactivo. Las cosas suceden exactamente igual que en el estado de pendencia, pero naturalmente desaparece la sombra de destrucción que anteriormente se cernía sobre el derecho del instituido. La posición de éste es ya firme de toda firmeza y se consolidan, como es natural, cuantos actos de enajenación o administración haya realizado durante el tiempo de aquella pendencia (vide, *a fortiori,* Puig Peña).

3.5. Las condiciones potestativas causales y mixtas

A) Condición potestativa

a) Positiva («heredero A si da 100 maravedís a la Iglesia»): ha de cumplirse la condición por el heredero o legatario, una vez enterado de ella, y después de la muerte del testador, a no ser que la condición hubiere sido ya cumplida y no pueda reiterarse (p. ej., «si reedifican la capilla Sixtina») (art. 795). ¿Cuándo deben considerarse cumplidas estas condiciones?

Naturalmente, a nuestro entender en primer término habrá que estar a lo dispuesto por el testador, pues como sabemos su voluntad es la ley de la sucesión, salvo que contravenga normas imperativas de obligado acatamiento. Asimismo, esa voluntad reveladora del momento de cumplimiento de la condición puede ser expresa o también tácita (v.gr., circunstancias indicadoras que permitan deducir lo que el testador ad casum realmente quiso).

Cuando el testador no ha establecido ni expresa y/o tácitamente el plazo en el cual ha de cumplirse la condición la doctrina estima que habrá que decidirse porque basta que se cumpla en cualquier tiempo, siempre que concurran estos requisitos: a partir de la muerte del testador una vez enterado de la condición el instituido y mientras viva dicho instituido.

Otra de las cuestiones interesantes a tratar es ¿qué ocurre cuando es imposible el cumplimiento verdadero (realización efectiva del suceso) y es sustituido por un cumplimiento análogo?

Estoy de acuerdo que en estos casos se aplique por argumentación a simili lo regulado para las disposiciones modales (art. 798 pI Cc). Naturalmente, como siempre habrá que estar a la voluntas testatoris; es decir que el testador interpretando su ánimo permitía de igual modo el cumplimiento análogo. Asimismo, en este caso no ha de concurrir culpa o hecho propio imputable al instituido sub conditione.

b) Negativa, de no dar o no hacer, el heredero o legatario cumplen con afianzar que no harán o darán lo que fue prohibido por el testador (caución «muciana»), y que, en caso de contravención, devolverán lo percibido, con sus frutos e intereses (art. 800). Si no dieren fianza, se pondrán los bienes de la herencia en administración (de la misma manera que cuando el heredero fuese instituido bajo condición suspensiva: arts. 802 y ss.), hasta que la condición se realice (p. ej., si la condición es: «instituyo heredero a A si no se da al juego en tres años» y han pasado tres años sin darse al juego efectivamente) o haya certeza de que no podrá cumplirse (p. ej., si la condición es: «instituyo heredero a A si no se casa con B, y de hecho se casa con B») (art. 801).

B) Condición casual

a) *Condición casual propiamente dicha* («te instituyo heredero si llueve en el otoño»), en que el hecho no depende de la voluntad del heredero ni de un tercero, al menos directamente. La doctrina ha entendido siempre que, como quiera que el testador montó toda la institución sobre el acontecimiento extraño a la voluntad del beneficiado, era menester indefectiblemente que ese acontecimiento propio de la condición se cumpliera de una manera real y positiva, no existiendo, por tanto, el llamado «cumplimiento interpretativo». No obstante, un destacado sector de la doctrina, representado por Clemente de Diego, admite también, en este caso, el cumplimiento interpretativo cuando la falta de cumplimiento procede del hecho de un tercero que quisiera aprovecharse del incumplimiento, sin culpa o hecho propio del instituido, porque a nadie debe favorecer su propio fraude contra la voluntad del testador (arts. 798, 791 y 1.119 del Cc.).

b) *Condición casual impropia* referida exclusivamente a la voluntad de un tercero sin interferencia alguna de la voluntad del instituido. Algunos autores como Polacco, distinguen: a') el merum arbitrium de un tercero («se instituye heredero a Juan si Antonio quiere»). La disposición es nula, exactamente igual que en el caso de la elección de un beneficiado remitida a otro. b') Cuando depende del hecho de un tercero («se instituye heredero a Juan si Antonio realiza un viaje para ver a su madre»). En este caso, la liberalidad debe valer; pues no se trata ya del irrefrenado arbitrio del tercero, sino hay una cierta limitación.

C) Condición mixta

Son aquéllas en las que si interviene la actividad del heredero, es decir su voluntad pero también cumulativamente interviene un elemento aleatorio, ora fuese al azar, ora fuese la voluntad de una tercera persona. Como se ve las condiciones mixtas participan de la naturaleza de las condiciones potestativas, unidas a circunstancias exógenas e independientes de la voluntad del instituido.

En tal sentido estaríamos en presencia de una condición mixta en el siguiente ejemplo. Sea mi heredero Germán, si se casa con Lorenza. Sea mi heredero Pío si lleva a cabo un viaje al Vaticano.

El régimen legal de las condiciones casuales y mixtas se disciplina en el Código en el art. 796 «Cuando la condición fuere casual o mixta, bastará que se realice o cumpla en cualquier tiempo vivo o muerto el testador, si éste no hubiese dispuesto otra cosa. Si hubiere existido o se hubiese cumplido al hacerse el testamento, y el testador lo ignoraba, se tendrá por cumplida. Si lo sabía, sólo se tendrá por cumplida cuando fuere de tal naturaleza que no pueda existir o cumplirse de nuevo.

En primer lugar, conforme hemos examinado para las potestativas habrá que estar a la voluntad del testador, ya que repárese en el párrafo primero infine «si éste no hubiese dispuesto otra cosa...»

En segundo lugar, si el testador no ha dispuesto el momento del cumplimiento, la condición podrá cumplirse al tenor de lo prescrito en el ant. 796 «en cualquier tiempo, antes o después del fallecimiento».

Ahora bien, excepcionalmente dispone el párrafo segundo que si la condición se había cumplido antes del otorgamiento del testamento, y el testador lo ignoraba, la condición se tendrá por cumplida. Esto es, siguiendo con el ejemplo *supra* referido. Pío viajó al Vaticano antes de hacerse testamento, y el testador lo ignoraba; pues bien, la condición se tendrá por cumplida.

3.6. Las condiciones imposibles, ilícitas e inmorales

Nuestro Cc en el art. 792 concluye: «Las condiciones imposibles y las contrarias a las leyes y a las buenas costumbres se tendrán por no puestas y en nada perjudicarán al heredero o legatario aun cuando el testador disponga otra cosa.»

A) Condiciones imposibles

Efectivamente, a nuestro entender consideramos que la imposibilidad ha de ser ciertamente absoluta, de imposible ejecución tanto en la esfera o condición subjetiva, como en la circunstancia de actuación objetiva o exterior; para que rija la regla que dieta el art. 792 de *condictio impossibilis pro non scripta habetur*. Esto es que la imposibilidad como explicaban las Partidas, podía ser «por naturaleza» (v.gr., sea un heredero fulano si alcanzare el cielo con la mano); imposibles por derecho –se falta a la moral o a la ley–, p. ej., sea mi heredero Zacarías si prostituye a su mujer...

A mi entender, quiere que sea heredero (y/o legatario) sólo si se cumple la condición, y como ésta no puede cumplirse ora por ser imposible, contraria a la ley, etc., lo lógico sería seguir el régimen de disciplina contractual, nulidad de la obligación (vide art. 1.116 Cc), peno lo que hace el legislador es sancionar el desconocimiento, atrevimiento o ilicitud de la declaración del testador estimando como no puesta la condición. En todo caso, quedarían como no puestas, aquellas condiciones imposibles, ilícitas o inmorales que fueran negativas, es decir no hacer, p. ej., una cosa imposible...; se tendrá por no puesta.

En fin, el art. 792 lo que pretende es favorecer al heredero, la obligación es unilateral, no como en los negocios *inter vivos* que es bilateral (vide art. 1.116 Cc)

¿En qué tiempo ha de ser posible la condición para que pueda aplicarse en el art. 792? Los autores también han discutido sobre el particular. SÁNCHEZ ROMÁN estimó que debe atenderse al tiempo en que la condición debe ser cumplida; pero otros autores, como NAVARRO, son partidarios de distinguir diversos casos y circunstancias, según que la condición fuera imposible en la época en que se hizo el testamento o llegara a serlo después, y atendiendo también a la naturaleza de la condición.

B) Condiciones contrarias a la ley

En opinión de la doctrina se ha venido entendiendo que no hay dificultad respecto de las leyes penales. También serán condiciones ilícitas las que van contra disposiciones que afecten al orden público, «puesto que este orden es de cumplimiento inexcusable y no cabe contra el mismo derogación alguna en sentido concordado o dispositivo». El problema, donde verdaderamente radica es en aquellas leyes extra penales, que no van tampoco contra el orden público, peno que representan violación de los derechos y deberes que tienen los ciudadanos de un Estado. En este sentido se distingue, de una parte, entre las leyes políticas y administrativas, y de otro las normas meramente de Derecho privado. Entre las primeras la tendencia es considerar por regla general imposibles aquellas condiciones que atenten contra las leyes de esta clase, pensando que las mismas imponen, en la mayoría de los casos, deberes de carácter público, por ejemplo el alejamiento de los cargos públicos obligatorios, la renuncia general a todos los deberes de carácter público, etc. Entre las normas del Derecho Privado, por ejemplo que el testador puede exigir al heredero que viva, para cuidarla, en la finca que le deja, pero no puede exigirle que viva allí, sin poder salir a otra parte.

A nuestro modo de ver, como regla general habrá que tener presente el art. 6-3.º Cc al disponer la nulidad de pleno derecho de los actos contrarios a las normas imperativas o prohibitivas. Y como ha reconocido la jurisprudencia dicho tenor se limita a formular un principio jurídico de gran generalidad que no debe ser interpretado con criterio rígido, sino flexible, teniendo en cuenta que no toda disconformidad con una ley cualquiera, o toda omisión de formalidades legales que pueden ser meramente accidentales en relación al acto de que se trate,haya de llevar siempre consigo la sanción límite de la nulidad, debiendo el juzgador extremar en prudencia analizando para ello la índole y finalidad del precepto legal contrariado y la naturaleza, móviles circunstancias y efectos de los actos realizados, para concluir declarando válido el acto pese a la infracción legal, si la verdad del caso lo permite o aconseja y sancionándolo con la nulidad si median trascendentes razones que patenticen el acto como gravemente contrario al respeto debido a la ley, la moral o el orden público (v.gr., sentencia 7 febrero 1984).

C) Condiciones inmorales

En opinión de Lacruz, supone que estamos en presencia de una coacción injustificada de la voluntad del favorecido cuando se interfieran los derechos y atributos de la personalidad. *El quid* por tanto habrá que plantearlo en tanto en cuanto no sólo se interfiere en los derechos de la personalidad sino que son condiciones contrarias a la ley. En fin, si se entiende que violan los derechos de la personalidad es porque se recalca el acento, en el hecho de que son normas restrictivas de la libertad, la conciencia o la intimidad del destinatario y por ello se tienen por no puestas al favorecido. Pongamos varios ejemplos, sea mi heredero Lucas si mata a Simón. Sea mi heredero Lupe, si se prostituye.

Sea mi heredero Andrés, si se difama constantemente. Sea mi heredero Marcos, si somete toda su correspondencia a censura previa de su albacea, etc.

Entre las condiciones contrarias a la moral o a las buenas costumbres la doctrina ha incluido clásicamente el supuesto incluido en el art. 793 Cc «condición absoluta de no contraer primero o ulterior matrimonio», de donde a contrario sensu ha considerado como válida la condición relativa, esto es, la condición de no contraer matrimonio con persona determinada.

Efectivamente a nuestro entender dicho criterio se ajusta al tenor literal (art. 793) admitiendo la cláusula testamentaria por una interpretación a contrario la condición que se sanciona es la negación absoluta del ius connubi en el favorecido, esto es, la condición absoluta de no contraer primero o ulterior matrimonio. Naturalmente la prohibición consiste en tenerse pon no puesta, ya que atenta contra la libertad individual, y pon ende no sólo contra bienes de la personalidad *uti singuli*, sino que se quebrantan derechos constitucionale (v.gr., art. 32 Constitución...).

Ahora bien, esta regla tiene dos excepciones:

a) «a menos que haya sido al viudo o viuda por su difunto consorte o por los ascendientes o descendientes de éste.

A nuestro entender teniendo en cuenta las normas han de interpretarse en función de la realidad social del tiempo en que han de sen aplicables (v.gr., art. 3-1° Cc) esta condición a tenor de los principios de orden público vigentes en el Derecho de familia, ha de entenderse asimismo no puesta. Ya que entendemos que una interpretación literalista (proclive a su admisibilidad es intemperante, al conllevar una solución contraria a una orientación sociofamiliar menos reaccionaria en las actuales situaciones jurídico familiares).

En cuanto a la segunda excepción dispone el párrafo segundo del art. 793 que «podrá, sin embargo, legarse a cualquiera el usufructo, uso o habitación, o una pensión o prestación personal, por el tiempo que permanezca soltero o viudo.

En fin, interpretando a contrario sensu el art. 793, puede decirse que se admite tanto las condiciones genéricas, como más particulanizadamente las específicas de contrario con persona determinada, como la de no contraerlo con persona determinada (tal cual examinábamos supra).

En conclusión, estas condiciones han de reputarse en principio válidas salvo que el examen del supuesto de hecho revele una ilicitud intrínseca o extrínseca en función del hecho condicionante en sí mismo considerada.

D) Las condiciones captatorias

Dispone el art. 794 que «será nula la disposición hecha bajo condición de que el heredero o legatario haga en su testamento alguna disposición en favor del testador o de otra persona.

Es curioso el tratamiento legal dado que a estas condiciones (en realidad una subespecie de las inmorales o ilícitas) el legislador se muestra inflexible en su sanción, la nulidad de la disposición, cuando por el contrario el régimen de las ilícitas, imposibles o inmorales supone tener por no puestas estas condiciones...

En realidad la prohibición del 794 a juzgar pon la mens legislatoris, lo que pretende es sancionar los pactos sucesorios prohibidos por el Código civil (vide arts. 1.271 y 1.056 p II), es decir que, p.ej., el heredero disponga del todo o parte de los bienes en favor del testador o de un tercero designado por éste.

Imagínense el siguiente supuesto:

(A) instituye heredero a (B) en el tercio de libre disposición, e impone a (B) la condición de que (B) en su testamento otorgue a favor de C un determinado legado..., o bien a favor de (A).

Ahora bien, la nulidad de la condición obedece más bien al carácter intuituspersonae del acto mortis causa intrínsecamente considerado. Es decir, no hay que olvidar que la voluntad del testador es el fundamento ontológico y personalísimo del testamento pues éste es un acto jurídico personal e intransferible (vide art. 670, Cc fundamentalmente). En razón de la explicación del mencionado precepto, se entiende que al ser un acto como decimos «personalísimo», no puede dejarse su formación, en todo ni en parte al arbitrio de un tercero, con lo cual no sólo significa que no puede hacerse por medio de comisario o mandatario (con la excepción ya examinada del art. 831 Cc), sino tampoco encomendar al favorecido en el testamento que a su vez nombre en el suyo a un heredero o legatario que bien puede ser a favor del testador disponente de la condición captatoria o de un tercero a la sazón designado por éste.

En resumen del art. 794 Cc se colige lo siguiente:

a) El instituido a la sazón captado no es que deje de ser heredero, porque es nula la disposición a su favor, no deja aquél de ser heredero. Lo único que ocurre, es que no tiene validez la disposición captatoria *ad hoc.*

b) Si el instituido (siguiendo el ejemplo supra (B)) ha hecho ya testamento en favor de (C)–un tercero– y luego (A) que es el instituyente-captador le impone a (B) que favorezca precisamente a (C) porque si no, no es su heredero. No habría en tal caso condición captatoria puesto que falta la *ratio,* ya que no le va a coaccionar. Si por el contrario (B) ha excluido a (C) en su testamento y luego (A) dispone imponiendo a (B) que favorezca a (C), entonces sí habría captación. e) La doctrina suele explican casuísticamente el art. 754; nosotros vamos a escoger tres ejemplos y dar nuestra opinión:

   1) (A) instituye a (B), si éste hace alguna disposición en favor de (C) y éste es cirujano que contribuyó a salvan la vida de la esposa de (B). Naturalmente entiendo que habría captación porque la ley no le obliga a beneficiarle mortis causa (como heredero o legatario).

   2) (A) instituye a (B) heredero, si éste dispone en favor de sus hijos... Entiendo que también habría captación porque (B) pudo haber dispuesto de la legítima pon donación, o por ej., les podía haber desheredado justa o injustamente. Además cuando se argumenta que «en realidad lo tiene que hacer *ex lege,* ese planteamiento es válido sólo para las legítimas de las cuales no puede ser privado el heredero forzoso, a no ser que se produzca la desheredación (v.gr., art. 813).

Otra de las cuestiones que habría que destacar del régimen de las condiciones captatorias, ¿es quién resultará interesado en la declaración de nulidad? Evidentemente lo estarán los herederos abintestato del testador-captador ; asimismo, como ha reconocido la propia doctrina jurisprudencial lo estarán asimismo los herederos designados en el testamento cuando de los términos del mismo se dedujese voluntad del testador de instituirlas en los bienes objeto de la disposición condicional en el caso que ésta resultara ineficaz.

En cuanto al plazo de ejercicio de la acción entiendo que dado que se produce una nulidad parcial, y que stricto sensu no hay vicio de la voluntad, el plazo al ser una acción personal, será el de 15 años (art. 1.964 Cc).

Asimismo, del tenor del 794 Cc, en una interpretación a *contrario sensu,* no deviene nula la disposición testamentaria hecha bajo condición de que el heredero o legatario haga alguna disposición ínter vivos en faxor del disponente –captador– o de un tercero.

La razón habría que hacerla en que en la *mens legislatoris* lo que se pretende remediar es la captación de la voluntad *mortis causa.*

3.7. El cumplimiento de la condición

Explica Albaladejo, cumplida la condición, los efectos se producen (si era suspensiva) o se resuelven (si era resolutoria), cuando se cumple, tiene lugar, en el primer caso, la delación a favor del llamado, y en el segundo la cesación de la sucesiva a su favor, pasando a ser llamado a la herencia o legado el heredero interesado o quien corresponda en defecto del sucesor que ceso.

Ahora bien, como la ley no regula específicamente las relaciones entre el heredero saliente y el entrante, ni establece el carácter retroactivo (mayor o menor) o irretroactivo de la segunda sucesión, hay que preguntarse qué solución acoge básicamente (aunque luego la temple con las excepciones que sea): si la de mantener todo lo que hizo dentro de sus atribuciones el sucesor primero (que lo fue hasta el cumplimiento de la condición), y que el segundo tome la sucesión en el estado en que se encuentre al cumplirse la condición, o, por el contrario, la de que, al suceder el segundo, es como si se borrase el período en que fue sucesor el primero, de modo que debe deshacerse (en principio, se sobreentiende) todo lo que realizó bajo éste (devolver también los frutos que percibió, etc.) y entregar la sucesión a aquél como si la hubiese recibido directamente del causante cuando este muerto.

4. LA INSTITUCIÓN DE HEREDERO A TÉRMINO

4.1. Introducción: El concepto

El art. 805 Cc la prevé diciendo: «Será válida la designación de día o de tiempo en que haya de comenzar o cesar el efecto de la institución de heredero o del legado.» En ambos casos, hasta que llegue el término señalado, o cuando éste concluye, se entenderá llamado el sucesor legítimo. Mas en el primer caso, no entrará éste en posesión de los bienes sino después de prestar caución suficiente, con intervención del instituido.

La primera consecuencia que podemos sacar de este artículo es la validez de la institución sometida a plazo. Este puede ser: a) ex dic. inicial o suspensiva, p. ej., comenzará Benito a ser mi heredero a los cinco años de mi fallecimiento; b) *in die,* final o resolutorio. Será Benito mi heredero por cinco años a partir de mi fallecimiento.

El plazo puede ser cierto o incierto, pues el plazo ha de ser siempre «certus an», pero puede ser «*certus-quando*». En uno y otro caso, el plazo subordina la efectividad de la cualidad de heredero o legatario.

Como explica Díez-Picazo el plazo admite, en orden a su funcionamiento, una distinción igual a la de las condiciones. Cabe distinguir entre:

La única diferencia entre el caso presente y el de la sustitución fideicomisaria es una diferencia accidental en cuanto ahora importa, pues se trata de que en el actual el segundo sucesor no es seguro, sino eventual (si se cumple la condición resolutoria), mientras que en el de la sustitución fideicomisaria es llamado con seguridad (salvo que sea condicional) el segundo heredero.

Pero en cuanto a lo que a nuestros efectos importa, es decir, a que haya dos sucesores consecutivos, los dos casos son lo mismo (Albaladejo).

Entre un plazo de subordinación de la cualidad de heredero y un plazo al que se subordine la adquisición de la titularidad de los bienes.

Del párrafo 2º del art. 805, Puig Brutau deduce dos hipótesis: si el plazo es inicial y existe un heredero predeterminado, hay una sustitución fideicomisania en la que el instituido a plazo es un fideicomisario. Si no hay primer heredero predeterminado, hay también una sustitución fideicomisatia del instituido a plazo respecto del heredero abintestato. Cuando el plazo es final ocurre lo mismo: si se establece un segundo heredero, hay una sustitución fideicomisania de este segundo heredero, respecto del instituido a plazo; si no se designa segundo heredero, hay también una sustitución fideicomisania de los herederos abintestato respecto del instituido a plazo.

4.2. El término inicial o suspensivo

Ocurre cuando el testador dispone que la institución o legado surtirá efectos a partir de cierto día, p. ej., comenzará (B) a ser mi heredero a los 5 años de la aprobación en Roma de la Constitución Europea.

Le corresponderá heredar al sucesor testamentario que subentre como instituido a término inicial, después del primer llamado a la sazón instituido a término resolutorio, ya que se da la misma finalidad de protección aseguramiento de los bienes.

En otro oren de consideraciones, ¿qué ocurre cuando no se presta fianza?

Naturalmente, en primer lugar habrá que estar a lo dispuesto por el testador, ya que el precepto no es imperativo, por lo que queda dentro de la esfera dispositiva del testador la opción de dispensar o no. Si el testador nada ha dispuesto entiendo lógico que por argumentación *a símili* a los arts. 803 y 804 Cc.

Desde luego, cuando ha venido el día o plazo resolutorio, el heredero o legatario instituido a término, debe entregar los bienes de la herencia o legado a los herederos legítimos, a no ser que otra cosa haya dispuesto el testador o se trate de legatario con plazo resolutorio, ya que, como hemos indicado, el vencimiento de este plazo, debe entregar el contenido de la manda a los herederos testamentarios. Esta entrega, lo mismo que en el supuesto del plazo inicial, se regirá también por lo determinado en la teoría general de las obligaciones (Puig Peña, *a fortiori*).

5. LA INSTITUCIÓN CAUSAL Y MODAL

5.1. Causa falsa non nocet

La regla general ha sido precisamente la que da pie al epígrafe presente, es decir que la causa falsa no daña la institución; aquélla solamente se tendrá por no escrita. La razón es porque la fuerza de la institución no procede del motivo o de la causa, sino de la voluntad del testador; para disponer de sus bienes no necesita el testador razonar su disposición, y frecuentemente acaece que conoce la falsedad de la causa y sólo la expresa para cohonestar su proceder.

En cuanto a la inexactitud de la causa cabe decir que únicamente vicia la disposición si resulta tan esencial que no cabe pensar que el testador la hubiera hecho de haber conocido la inexactitud; p. ej., «en atención a que X estudia Derecho, le lego todos mis libros jurídicos»; si X es un patán analfabeto, el legado deberá quedar sin efecto; «por haberme salvado la vida, nombro mi heredero al bañero J.»; si el testador fue salvado de ahogarse por P., J. no heredará.

En conclusión, podemos establecer las siguientes observaciones al contenido del precepto, objeto de nuestro análisis.

En primer lugar, la relevancia del error en el testamento, puesto que no debemos olvidar, como hemos estudiado más arriba, que en la comprensión de la «causa» se está refiriendo al motivo de la diposición, es decir la causa en su concepción subjetiva. Ahora bien el problema se centraría entonces en los siguientes términos ¿es o no relevante el error en el testamento? Al respecto no debemos olvidan que el legislador, no recoge expresis verbis el error como supuesto de nulidad testamentaria. En consecuencia, si el art. 673 Cc no menciona explícitamente el error ¿cómo habrá de interpretarse la omisión del legislador realmente querida?, ¿o por el contrario, ante la falta de regulación expresa, habría que acudir por analogía a la disciplina negocial ínter vivos, arts. 1.265 y ss.?

A mi modo de ver, hay que considerar que salvo que se demuestre que fue otra la voluntad del testador, el error no anula la disposición testamentaria, sólo se invalidará ésta, si resulta que es relevante o esencial en la voluntad ad intra del disponente, porque en tal caso al exterior se refleja una manifestación volitiva cuya constatación evidencia una declaración contradictoria al animus o querer interno del testador, y no tenemos que olvidar que los actos testamentarios, su finalidad primordial es averiguar la voluntad real exacta o probable del testador, debiendo obsenvarse a tal fin lo que aparezca como más conforme con la intención del disponente (v.gr., art. 675 Cc).

En fin, sólo cuando se compruebe que el motivo determinante es falso, de suerte que de «haberlo conocido la falsedad, el testador no hubiese hecho la disposición, sólo entonces se anulará la mentada disposición.

Otro de los problemas interpretativos del párrafo que estudiamos, es ¿qué ocurre cuando además de ser ilícita la causa, sin embargo, es errónea o falsa...? Parece que por analogía tendrá que aplicarse *sic et simpliciter* lo dispuesto en el art. 767-1.°, resultando que la disposición se invalidará, si resulta del testamento que el testador no había dispuesto aquella de haber conocido la falsedad del motivo, es decir que el error ha de ser esencial y relevante. Aunque también pudiera razonarse que en este caso la aplicación sería la del p. II del art. 767, ya que de su tenor se puede colegir que ad maiore ad minus «aunque sea verdadera» absuelve la hipótesis de que fuese falsa también. Asimismo, otra cuestión a dilucidar es si la causa ad hoc, ha de referirse a un hecho pasado o incluso cupiera entender factible asimismo un hecho futuro. Parece que la causa por su propia naturaleza es un motivo que ya existe, por eso si por ej. fuese una causa contraria a Derecho y además futura, en realidad más que aplicar el art. 767, habría que acudir al art. 792 Cc.

5.2. La institución modal: las distintas concepciones del modo[1]

Estamos en presencia del instituido sub modo cuando el testador dijera: "Instituyo yo heredero a Baltasar a fin de que concluya su licenciatura en Derecho" También la doctrina ha concluido que se está en presencia del modo cuando el testador dispone cómo han de aplicarse los bienes. Así nombro heredera a Penélope y quiero que aplique la mitad de la herencia a sufragios por mi alma en la iglesia de mi pueblo. Finalmente, cuando el testador impone una carga, estamos en presencia del modo. Por ejemplo, mando a mi sobrina a mi casa, y deseo que satisfaga una pensión mensual vitalicia de 3.000 euros a mi "ama de llaves". A veces es difícil distinguir la disciplina del modo de la condición.

Modernamente, las tres concepciones del modo son: la que ve en el modo una determinación accesoria, mediante la cual el que transfiere un derecho patrimonial impone al favorecido la obligación de emplearlo, total o parcialmente, en la obtención de un fin; la que expresamente le considera como una obligación accesoria, cuyo contenido se halla integrado por una prestación como la que es objeto de otra obligación cualquiera, de carácter positivo o negativo, real o personal; y, en fin, la más difundida y restrictiva, que entiende por modo precisamente a la carga impuesta a una liberalidad.

El modo se halla regulado por los arts. 797 y 798 C.c. que van incluidos en la rúbrica "De la institución de heredero y del legado condicionales o a término"; pero que, según el expreso contexto del primero, no se refiere a la condición, por deducción lógica y por la apreciación de su contenido, sólo cabe que se refieran al modo. Y se da la circunstancia, que no deja de ser interesante, de que en el art. 797, que es el que define el modo, puede encontrarse sin esfuerzos

1 Para una mayor profundización sobre esta materia, remito al lector a mi tratado de Derecho de Sucesiones. En concreto el vol. II Segunda parte de la Adquisición de la herencia y la sucesión testamentaria, en donde en el Cap. 15, páginas 443 a 469 desarrollo esta institución jurídica sucesoria. Ver LLEDÓ YAGÜE, Francisco, *Derecho de Sucesiones. Vol II. Segunda parte. La adquisicion de la herencia y la sucesión testamentaria*, Universidad de Deusto, 1991.

dialécticos la proyección de tres de las teorías anteriormente mencionadas. En efecto, no formula una defensa unitaria, sintética, sino que, sucesiva y disyuntivamente, define y escribe lo que puede ser contenido de la institución de heredero o del legado.

a) Modo, en primer término, es para el legislador "la expresión del objeto de la institución o legado". Objeto se emplea aquí, sin duda alguna, en su aceptación de fin.

b) En el inciso 2° del art. 797 se concibe el modo cómo "la aplicación que haya de darse a lo dejado por el testador". Esta definición se conexiona con la teoría de la determinación accesoria, también llamada de la aplicación patrimonial.

c) Por último, en el tercer inciso del art. 797 el modo es concebido como carga; dice literalmente "o la carga que al mismo impusiere". Carga tanto quiere decir como gravamen; y gravamen entraña siempre la idea de limitación.

A tal efecto podemos definir el modo como aquella atribución, prestación, carga, gravamen que se impone al heredero y/o legatario, que no hace depender la delación del cumplimiento efectivo de la carga impuesta, pero le obliga a llevar a cabo la prestación impuesta (v. gr., art. 1.088 – obligación de dar, hacer o no hacer–), y que naturalmente ha de tener por objetivo, una finalidad lícita, posible y determinada o determinable.

Finalmente, otra de las cuestiones a tratar es el tema del afianzamiento, el art. 797-2°, dice: "Lo dejado de esta manera o con expresión del objeto o de la aplicación puede pedirse dese luego, y es transmisible a los herederos que afiancen el cumplimiento de lo mandado por el testador, y la devolución de lo percibido con sus frutos e intereses, si faltaren a esta obligación.

1. Que el heredero sucede sin más, como sucedería si fuera puro.

2. Que los herederos del heredero sucederían también sin más a éste en los bienes que sea.

3. Que para poder entrar en posesión de los bienes debe afianzar lo mismo el heredero que el heredero del heredero.

4. Que si no se afianza, ciertamente se sucede, pero los bienes se deben poner en administración hasta que la carga se cumpla.
5. Que la fianza debe cubrir el cumplimiento de la carga, y en su defecto, la devolución de los bienes y la de sus frutos e intereses.

5.3. Los sujetos intervinientes en el modo: disponente, beneficiados y gravados

En la institución hereditaria y o legado modal intervienen en primer lugar: El disponente o testador. En segundo lugar, el gravado con la carga modal (v. gr., heredero y/o legatario). En tercer lugar el destinatario y/o beneficiario del modo, que bien puede ser el propio testador, el mismo gravado, o más frecuentemente una tercera persona.

El testador a tenor de lo prescrito en el art. 662 ha de tener capacidad en el acto de otorgar testamento y de constituir la carga modal.

Por este motivo es conditio sine qua non que se acepte la herencia y/o legado, ya que si no es así no puede serle exigido al gravado el cumplimiento del modo.

La aceptación de la herencia es irrevocable (art. 997 C.c.) aunque incumple obligaciones para el aceptante.

5.4. Los sujetos que pueden exigir el cumplimiento de la prestación modal

Nos explica Gullón que cuando el beneficiario del modo es el propio testador: (ordena, p. ej., que su heredero le haga una estatua), serían los albaceas los facultados para su exigibilidad, ya que el art. 902-3° les encomienda la misión de vigilar la ejecución de lo dispuesto en su testamento.

La misma solución creemos que procederá si los beneficiarios son terceros genéricamente designados (los pobres, ancianos, etc.).

No obstante, también han de considerarse legitimados los interesados en que el modo se cumpla. Así, por lo que respecta a lo establecido en su favor por el propio testador, se dice que pueden exigir su realización los parientes que tienen intereses cuya satisfacción se logra con la ejecución de la carga.

En razón a lo expuesto, tenemos que reflexionar sobre las siguientes cuestiones: En primer lugar quienes están legitimados para exigir el cumplimiento. En segundo lugar, en qué momento tendrá que aplicarse la carga modal y finalmente, en tercer lugar el modo de cumplirse.

En cuanto a la primera cuestión, es obvio que podrá instarlo todo interesado. Es más, siguiendo el tenor del 798-2º "el interesado en que se cumpla o no". Es decir, ab initio, el interesado a quien favorezca la carga modal; naturalmente también quienes tienen que ejecutar o cumplir la voluntad del estador (v. gr., albaceas, herederos); pero también aquéllos que se favorecían del incumplimiento, por lo que éstos (v.gra., coherederos con derecho de acrecer, sustitutos, herederos abintestatos) si bien no son originariamente interesados en el cumplimiento, sino más bien todo lo contrario.

Ciertamente habrá que estar en cada caso en concreto, quién es el efectivo beneficiario de la carga modal (testador, heredero o legatario y tercero). Debe recordarse, asimismo, que la prestación modal es una carga que inexorablemente no ha de cumplirse siempre, una vez fallecido el causante, sino que cabe que se haga antes.

En conclusión, la locución "interesado" admite una interpretación amplia, tanto el albacea, herederos, quienes se beneficiarían por la resolución o revocación así como los parientes, cuando acrediten un interés digno de protección (v. gr., moral) e incluso los propios poderes públicos, cuando el modo fuera en beneficio de la colectividad, tuviera un interés social (útil socius) más que una satisfacción puramente individual (uti singuli).

En segundo lugar, en relación al tiempo del cumplimiento, lo primero que habrá que analizar es si el testador ha fijado o no un tiempo para el cumplimiento. Si ha determinado un plazo, el modo deberá cumplirse en dicho término, naturalmente siempre y cuando las circunstancias establecidas para cumplir la prestación fueran posibles en el plazo o tiempo designado, ya que de lo contrario, sería irrealizable, si la carga fuese imposible originariamente. Si no hay plazo, la obligación modal deberá cumplirse tan pronto como naciendo, la asuma el gravado (art. 1113. 1 y 1125.1 C.c).

En cuanto a la tercera cuestión referida al modo de cumplirse habrá que considerar si en el momento de otorgarse el testamento la prestación es imposible o ilícita, porque si asi lo fuera, cuando muera el causante la sucesión se adquirirá libre de carga.

5.5. El incumplimiento del modo

En otro orden de consideraciones el modo impuesto al donatario o al heredero o legatario puede ser de cumplimiento imposible.

a) Ab origine: Por aplicación analógica del art. 1.116, la donación se purifica, a menos que se deduzca que el donante no quiere la subsistencia del negocio jurídico de donación sin esa obligación accesoria que configura el modo.

En el ámbito testamentario, la purificación de la institución de heredero o legatario gravado (e.d., el relevar a los mismos de cumplir el modo) encuentra su fundamento en una aplicación, igualmente lógica, del art. 792 ("las condiciones imposibles y las contrarias a las leyes o a las buenas costumbres se tendrán por no puestas y en nada perjudicarán al heredero o legatario, aun cuando el testador disponga otra cosa).

b) Imposibilidad sobrevenida: Se regirá el supuesto por el art. 798 párrafo 2°, si el origen de esa imposibilidad obedece a caso fortuito o al hecho de un tercero.

5.6. La convertibilidad del modo

El cumplimiento analógico del modo plantea el problema entre otros, de si se requiere una voluntad concorde del gravado y de os interesados en el cumplimiento. Del texto legal, parece que se desprende que es deber del gravado, sin necesidad del consentimiento de aquellos interesados. Pero es más justa la solución primera en la que se requiere la voluntad de los interesados, porque estos pueden calibrar también las circunstancias que impiden el cumplimiento tal y como fue querido por el testador.

En cuanto a las personas legitimadas para instar el cumplimiento análogo, tendríamos que pensar en el propio gravado (cuando la imposibilidad no le es imputable), así como el albacea, los herederos, e incluso los beneficiados de la carga modal. Cuando la carga ha sido impuesta a favor de terceros indeterminados, es posible individualizar en un ente u organización, la representación de los intereses de aquellas personas.

5.7. Resolución o revocación del modo

Parece colegirse a tenor de lo dispuesto en el párrafo 2° del 797 que el incumplimiento posibilita el ejercicio de la acción de resolución, pues como bien opina Albaladejo es porque el incumplimiento autoriza a obtener la devolución, y carecería de sentido tener que garantizar si no pudiese ser pedida.

De la redacción del art. 797. 2 se deduce que los efectos que producirá la resolución tendrá carácter retroactivo, como se indica al decir que se producirá una devolución de los frutos e intereses percibidos.

La jurisprudencia está a favor de la resolución, ya que si bien la sucesión no queda pendiente del cumplimiento del modo (a diferencia de que si lo queda del de la condición) sin embargo, se estima que la sucesión consumada antes del cumplimiento del modo queda subordinada al mismo, de suerte que sino se cumple pueda resolverse posteriormente la sucesión.

En cuanto al plazo del ejercicio de la acción entendemos que ésta no es personal, y en concreto no se beneficiaría del plazo de los 15 años que fija el art. 1964, para las acciones que no tuvieran señalado término especial. Me parece más sensato conceptuar esta acción como rescisoria (art. 1299 C.c.) y por tanto de cuatro años.

Finalmente una cuestión interesante es que la resolución siempre quedará supeditada a la voluntad del testador. Ya que siendo soberana esta voluntad, puede el testador eliminar la posibilidad de resolver.

CAPÍTULO 4
LOS LEGADOS

1. CONCEPTO DE LEGADO

Legalmente, dispone el Código civil, en el artículo 660, el contenido de la institución de legatario, expresando que se llama legatario al que sucede a título particular. Sin embargo, como apunta RIVAS MARTÍNEZ esta definición no es del todo precisa y coincidente con el contenido real de la institución, porque existen legados en los que no hay sucesión directa del testador, como en el caso del legado de cosa ajena, en el que lo que recibe el legatario del testador, la cosa legada, es adquirida con la parte de la herencia por el gravado. Por lo mismo, hay legados que son sucesiones a título universal, como el legado de parte alícuota, y por último, hay sucesiones a título singular que no son legados, como la cuota usufructuaria del viudo.

2. ELEMENTOS PERSONALES, REALES Y FORMALES DEL LEGADO

Los sujetos que intervienen en una disposición a título de legado son, en primer lugar, el testador que es quien ordena el legado y debe poseer capacidad de testar. En segundo lugar, el legatario que es quien ha de recibir el legado y debe tener capacidad para recibir por testamento, y en último lugar, quien en definitiva debe prestarlo que es el gravado.

El testador –dice el art. 858 C.c.– podrá gravar con mandas y legados no sólo a su heredero sino también a los legatarios. En cuanto a los legatarios, sólo responderán del gravamen hasta donde alcance el valor de lo legado (art. 858 C.c.), en tanto que cuando el testador grave con un legado a uno de los herederos, él solo quedará obligado a su cumplimiento, y responderá de forma diferente, según acepte la herencia pura y simplemente o a beneficio de inventario. Si la aceptan de forma pura y simple responderán con su propio patrimonio –*ultra vires hereditatis*– del valor del legado.

Por otro lado, si el testador concurriendo en la sucesión varios herederos, no gravare a ninguno en particular, todos quedarán obligados en la misma proporción en que sean herederos (art. 859 C.c.); por tanto, en este caso, la responsabilidad mancomunada, esto es, responderán en proporción a su haber. Ahora bien, como hemos señalado, ello no impide que se grave con el legado a uno de los herederos, quedando él solo obligado a su cumplimiento (art. 859.1 C.c.).

En cuanto al objeto del legado, se limita el Código civil a establecer la nulidad del legado de cosas que están fuera del comercio (art. 865 C.c.); en consecuencia, el contenido real de los legados viene constituido, como recuerda LACRUZ, por todas las demás cosas: presentes o futuras, propias o ajenas del testador, ya sean corporales o incorporales, pero en cualquier caso deberán ser posibles, determinadas, y susceptibles de disposición o transmisión, con lo que habrán de ser cosas que estén dentro del comercio. Aún cuando nada se estableciera en el art. 865 del Cc, por aplicación de las normas generales, no sería legable un bien fuera del comercio, por no ser disponible con carácter general.

En cuanto a los elementos formales, los legados sólo pueden venir dispuestos en testamento.

2.1. El legatario. El prelegado

El legatario puede ser el mismo heredero, cuando el legado se ordenaa a favor del heredero, se dice entonces que os hallamos ante un prelegado. En este sentido, el art. 890.2º Cc, admite la posibilidad de que pueda aceptarse la herencia y repudiar el legado, o en su caso, aceptar el legado, y repudiar la herencia.

Pueden ocurrir diferentes hipótesis a propósito de que quién es el gravado encargado de responder de dicho legado. Si el prelegatario es heredero único, en el caso de aceptar pura y simplemente la herencia no podrá pagarse a sí mismo; pero si se acoge al beneficio de inventario tendrá derecho a hacer efectivo el legado en el periodo de liquidación de la herencia.

Cuando el prelegatario concurra con varios coherederos, se establece en el art. 859 Cc que bien puede gravarse expresamente con el pago a otro u otros coherederos, quedando en este caso únicamente ellos obligados a su cumplimiento. Y el prelegatario tendrá derecho a recibir lo legado íntegramente.

Si el testador ordena el prelegado sin establecer el gravamen a cargo de ningún coheredero, será ineficaz el legado en la proporción en que el beneficiario sea heredero, porque los demás coherederos quedan obligados sólo en la proporción en que sean herederos.

A propósito de la entrega del legado, en este caso, ha señalado la jurisprudencia que la posesión civilísima de los bienes hereditarios que en primera instancia corresponde al interesado hace innecesaria la entrega de los bienes que le han sido legados por el que siendo prelegatario podrá ocupar por sí mismo la cosa (vide STS de 28 de mayo de 2004).

2.2. El gravado. El sublegado

Dispone el art. 858 Cc que "el testador podrá gravar con mandas y legados no sólo a su heredero, sino también a los legatarios". En consecuencia, el propio legatario podrá ser gravados por el testador con la obligación de satisfacer un legado, originándose entones la figura del sublegado.

Se establece asimismo en el art. 858.2 Cc que los legatarios gravados con un legado "no estarán obligados a responder sino hasta donde alcance el valor del legado". Por tanto, el legatario deberá cumplir el legado hasta el límite del valor de su propio legado; y si son varios los legatarios gravados, se aplicará según explican DIEZ-PICAZO Y GULLÓN el mismo principio que en el caso de los herederos y, por tanto, la obligación de cumplimiento será mancomunada o proporcional al valor de los respectivos legados de cada uno de ellos dispuesto por el testador.

En cuanto a la entrega del bien por el legatario gravado al favorecido, aquél deberá pedirla al heredero o albacea para posteriormente entregarla al legatario favorecido (art. 885 Cc).

3. CLASES DE LEGADOS

Pueden establecerse diferentes clasificaciones de los legados dependiendo de la perspectiva; así, por ejemplo, siguiendo a RIVAS MARTÍNEZ, podemos clasificar los legados en puros, condicionales, a término, y modales. Ahora bien, ésta no es más que una de las clasificaciones posibles, la doctrina mayoritaria se ha centrado para ofrecer una clasificación de los legados, en el objeto de los mismos, Y así, siguiendo a ROYO MARTÍNEZ, hay dos clases de legados: el de cosa específica y determinada del testador, y cualquier otro legado.

4. LEGADOS DE COSAS CORPORALES

4.1. Legado de cosa específica y determinada del testador

Este tipo de legado se encuentra regulado en el artículo 882 del Código civil que establece que: «Cuando el legado es de cosa específica y determinada, propia del testador, el legatario adquiere su propiedad desde que aquél muere, y hace suyos los frutos o rentas pendientes, pero no las rentas devengadas y no satisfechas antes de la muerte».

Este precepto considera que la cosa legada es de propiedad del legatario desde su muerte, junto con los frutos y rentas pendientes. Sin embargo, las rentas devengadas y no satisfechas antes de la muerte pertenecerán a los herederos (vide, art. 882.1 Cc).

La entrega del legado no será posible sin que se hubiera procedido a la determinación del *relictum*, si bien ha determinado la jurisprudencia que el legatario podrá tomar por sí la cosa legada si no hubiera legitimarios (STS 27 de diciembre 1987, RRDGRN 27 de febrero de 1982 y 21 de septiembre de 1988).

Parece razonable que como regla general se exija la liquidación y partición de la herencia como *condictio iuris* a la entrega del legado, pues no se olvide la máxima según la cual "antes es pagar que heredar" y pudiera ser que el legado tuviera que reducirse o devenir ineficaz. Así se desprende de lo previsto en el artículo 1.025 C.c. cuando señala que "durante la formación del inventario y el término para deliberar no podrán los legatarios demandar el pago de sus legados". Deberá, por tanto, esperarse al pago de los acreedores y a que se lleven a cabo las operaciones particionales.

Por otro lado, conforme al párrafo segundo del artículo 882 C.c., la cosa legada se encontrará desde el mismo instante a riesgo del legatario, que será a quien afecté, por lo tanto, su pérdida o deterioro, como también se beneficiará de su aumento o mejora. Y a tenor del artículo 883 C.c., la cosa legada se deberá entregada con todos sus accesorios y en el estado en que se halle al morir el testador.

4.2. Legado de cosa ajena

El legado de cosa ajena viene regulado de forma general en los artículos 861 y 862 C.c. que establecen que "El legado de cosa ajena, si el testador, al legarla sabía que lo era, es válido. El heredero estará obligado a adquirirla para entregarla al legatario, y no siéndole posible a entregar a éste su justa estimación. La prueba de que el testador sabía que la cosa era ajena corresponde al legatario" (art. 861). "Si el testador ignoraba que la cosa que legaba era ajena, será nulo el legado pero será válido si la adquiere después de otorgado el testamento" (art. 862).

En el legado de cosa ajena, el testador impone al heredero o legatario la obligación de entregar a un legatario bienes no pertenecientes al caudal hereditario. Y así, se reconoce al legatario es una acción personal *ex testamenti* para exigir la entrega de la cosa legada (sentencia de 3 de febrero de 1930) o su justa estimación.

De este modo, se exige al gravado una carga de adquirir el bien ajeno, y sólo cuando no sea posible, entregará al legatario la justa estimación. En este sentido, no se puede entender la manda como un acto dispositivo *stricto sensu*, pues el testador no es propietario del bien.

El mismo Código civil dentro del legado de cosa ajena contempla diferentes tipos:

— En el artículo 861 C.c., como acabamos de ver, se hace referencia al legado de cosa cierta y determinada pero ajena en la que el titular de la cosa íntegramente considerada es un tercero, por lo tanto, nada participan ni el testador ni el gravado. Además, en este legado, el disponente (testador) ha de conocer la ajenidad del bien, pues si desconoce esta circunstancia el legado será nulo (art. 862.1° C.c.).

— El artículo 863 C.c. regula otro de los tipos de legado de cosa ajena, pero en éste la cosa legada pertenece al gravado, sin que el testador tenga participación alguna.

— Por último, el artículo 864 C.c. reglamenta un tipo de legado en el que tanto el testador como el gravado pueden tener una parte o derecho en la cosa legada, entendiéndose limitado el legado a esta parte o derecho.

Legado de cosa de un tercero

Se regula esta hipótesis en los artículos 861 y 862 C.c., en la que la adquisición del legatario no va a derivar *mortis causa*, sino *inter vivos*, pues quien tiene la obligación de adquirirla y entregársela a aquél es el gravado.

Ha de tratarse, por otro lado, de una cosa ajena en su totalidad, circunstancia que debe ser conocida por el testador en el momento de otorgar el testamento. Esto es, para valorar el conocimiento de la ajenidad de la cosa habrá que atender al momento del otorgamiento, es decir, cuando se otorga el testamento. Así se desprende del tenor literal del precepto cuando señala que "el legado de cosa ajena, si el testador, al legarla, sabía que lo era es válido". Por tanto, para la validez del legado atenderemos al momento de otorgamiento del testamento y al conocimiento o desconocimiento de la ajenidad. Será posible, por otro lado, que siendo nulo el legado por desconocimiento de la ajenidad (art. 862.2) se convalide si se adquiere después de otorgado el testamento por el testador y le pertenece hasta su muerte, con lo que se convertirá en cosa propia y no ajena, de ahí que para valorar la ajenidad o no de la cosa haya que atender al momento de la apertura de la sucesión.

De acuerdo con lo expuesto anteriormente, la naturaleza de este tipo de legado es puramente obligacional, corresponde al legatario una acción que no es real sino personal, lo que implica que la muerte del testador no lleva consigo la adquisición de la propiedad del legado, sino un derecho de crédito del legatario contra el gravado.

No se aprecia en este caso una obligación alternativa para el gravado, ya que éste en primer término deberá cumplir la obligación de adquirir la cosa y entregársela al legatario y, sólo en el caso de que resulte imposible, entregará su justa estimación. La obligación de pago en metálico, por tanto, es subsidiaria.

El cumplimiento, en definitiva, se basa en la obligación de que el legatario adquiera la cosa *in natura*, que podrá ser mediante una única transmisión del tercero al legatario, o dos, del tercero al gravado y del gravado al legatario. Sólo en el caso de que resulte imposible se deberá cumplir con la subsidiaria, que consiste en la entrega de su justa estimación.

En otro orden de consideraciones, teniendo en cuenta que la obligación de entrega de la cosa nace en el momento de la apertura de la sucesión con el fallecimiento del causante, es precisamente a partir de este momento, cuando el legatario tendrá derecho a los frutos (art. 1.095 C.c.) debiendo entregarse la cosa, con todos sus accesorios y en el estado en que se halle al morir el testador (art. 883 C.c.). No lo entiende así RIVAS MARTÍNEZ, quien asegura que sólo desde el momento en el bien pertenece a la herencia, esto es, desde que es adquirido con el fin de entregarlo al legatario se devengarán intereses.

Si la cosa se malogra por caso fortuito o fuerza mayor, perteneciendo al tercero, como en tal caso hay imposibilidad de adquirirla el gravado, tendrá que entregar la justa estimación de la cosa a precio de mercado. Por el contrario, si ya la adquirió el gravado y se destruye por caso fortuito o fuerza mayor quedará aquel liberado de su obligación y no tendrá que abonar la justa estimación. Si no pudiere cumplir la entrega del bien por culpa o negligencia suya deberá prestar no la justa estimación sino la correspondiente indemnización por daños y perjuicios en los términos del art. 1101 y ss del C.c.

En relación con el saneamiento por evicción, cabe cuestionarse si después de adquirida la cosa y entregada al legatario puede sufrir este último una acción de saneamiento por evicción y verse privado, en consecuencia, de todo o parte de la misma, por sentencia firme y en virtud de un derecho anterior a la entrega de ella. La doctrina es unánime al considerar que a los legados de cosa ajena no es de aplicación la regla que sirve para otros actos de la misma naturaleza gratuita por la que se excluye la responsabilidad por evicción, puesto que la naturaleza de los legados de cosa ajena es obligacional (al entregar la cosa al legatario, su ánimo no es liberal sino que es una obligación impuesta en el caso de que se acepte la herencia), siendo el gravado un simple ejecutor de la voluntad del testador con lo que responderá si incumple la obligación impuesta. La única razón, según RIVAS MARTÍNEZ, para eximir de responsabilidad al gravado sería haberse limitado éste a cumplir un deber impuesto por el testador, y no tendrá que correr con riesgos adicionales que no le han sido impuestos, una vez que ya puso la debida diligencia en la adquisición del objeto determinado.

Legado de cosa del gravado

Dispone el artículo 863 C.c. que «será valido el legado hecho a un tercero de una cosa propia del heredero o de un legatario quienes al aceptar la sucesión deberán entregar la cosa legada o su justa estimación con la limitación establecida en el artículo siguiente. Lo dispuesto en el párrafo anterior se entiende sin perjuicio de la legítima de los herederos forzosos.»

Se pregunta en primer lugar, la doctrina si es *condictio sine qua non* el conocimiento por parte del testador de la ajenidad de la cosa, y en segundo lugar, si la obligación del gravado es alternativa o no.

En este sentido, y si bien es cierto que el legislador, a diferencia de lo explicado en el artículo 861.1, en el artículo 863 omite la referencia al obligado conocimiento, la doctrina no es unánime al respecto, y no han faltado autores (RIVAS MARTÍNEZ) que contemplan este legado como una excepción al régimen general, siendo indiferente que conociera o no dicha alienidad. A favor de esta posición es posible argumentar la regulación separada del legado de cosa ajena, así como el Proyecto de 1851 que hablaba de "aun cuando el testador ignorase su procedencia".

En relación con el carácter alternativo de la obligación, y a pesar de las opiniones contrarias (DÍEZ-PICAZO, ALBALADEJO, ROCA SASTRE...), puede expresarse que de la comparación entre lo previsto en el artículo 861 y 863 C.c. parece desprenderse un régimen jurídico distinto, de suerte que conforme al tenor literal del artículo 675 C.c., a no ser que éste fuese discordante con la voluntad real del disponente, y aplicando el artículo 863 C.c. se reconoce al gravado una opción u obligación alternativa. Así, podrá liberarse entregando el bien in natura y/o su justa estimación, sin que sea ésta subsidiaria y dependiente de la imposibilidad de la prestación *in natura,* salvo que el testador disponga preferentemente la entrega de la cosa (por todos LACRUZ).

Si la cosa no es en su totalidad del heredero sino sólo en parte, salvo que expresamente se ordene el total del legado, se entiende que lo legado es únicamente la parte que corresponde al heredero. Se aplicará la misma norma que para el supuesto de legado de cosa que sólo parcialmente pertenece al testador (art. 864 C.c.).

Finalmente, en relación con las consecuencias de la aceptación por el gravado de la herencia, puede afirmarse que para que el legatario pueda adquirirlo es necesario que el gravado acepte la herencia, en cuanto que aceptando asume la obligación de entregar la cosa o su justa estimación; por el contrario, no aceptando, no deberá satisfacer manda alguna. En consecuencia, si el gravado repudia, quien le sustituya y ocupe su lugar estará obligado a cumplir el gravamen, por aplicación analógica del tenor literal de art. 780 del Código civil.

Legado de cosa en parte propia del testador o del gravado

En principio este supuesto es un complemento de la hipótesis anterior, y valen los comentarios y razonamientos que se efectuaron en relación con el artículo 863 para el análisis del artículo 864 C.c. que distingue dos opciones claras: el legado será por entero, íntegramente, cuando así venga señalado expresamente por el testador, incluyéndose la parte propia y la que no lo es; y será sólo parcial, correspondiendo el legado únicamente a la parte de la cosa o al derecho sobre la misma que tienen el testador, legatario o heredero, cuando el causante no haga ninguna manifestación.

Una de las cuestiones más controvertidas en el estudio del precepto es si debe o no quedar constancia del conocimiento de la ajenidad de la porción del extraño y/o del gravado. Puede cuestionarse a este respecto, si será de aplicación el artículo 861.2° C.c., a lo que podrá responderse que en lo que respecta a la alienidad de la parte del extraño, el testador debía conocer al legar que esta porción era del extraño (art. 861.1° C.c.); y por el contrario, en la parte del gravado no es imprescindible que sepa que es de éste, puesto que el artículo 863 no le exige, a diferencia del artículo 861, el conocimiento de la ajenidad del bien.

Legado de cosa del legatario favorecido

Conforme al art. 866 C.c., "No producirá efecto el legado de cosa que al tiempo de hacerse el testamento fuera ya propia del legatario, aunque en ella tuviese algún derecho otra persona. Si el testador dispone expresamente que la cosa sea liberada de este derecho o gravamen, valdrá en cuanto a esto el legado".

Por su parte, dispone el art. 878 C.c. que "Si la cosa legada era propia del legatario, a la fecha del testamento, no vale el legado, aunque después haya sido enajenada. Si el legatario la hubiese adquirido por título lucrativo después de aquella fecha, nada podrá pedir por ello; mas, si la adquisición se hubiese hecho por título oneroso, podrá pedir al heredero que le indemnice de lo que haya dado para adquirirla".

Inicialmente, el momento para valorar la validez de este legado de cosa propia es el del otorgamiento del testamento. En consecuencia, si en este momento no era suya, sino de otra persona, testador o extraño, valdrá como legado de cosa propia del testador en el primer caso, y como legado de cosa ajena en el segundo de cumplirse las condiciones legales propias de este tipo de legado. Pero si el legatario la adquiere después, a título oneroso, el legado dispuesto, en opinión de RIVAS MARTÍNEZ, reconoce al legatario un derecho a reclamar del heredero el precio y los gastos pagados para comprarla, o en su caso una indemnización equivalente a lo dado por permuta, más los gastos satisfechos.

Por otro lado, es unánime la doctrina al establecer que no produce efecto el legado de cosa propia del legatario, que lo fuese al tiempo de otorgarse el testamento, pues como dice LACRUZ, lo que es nuestro no puede hacerse más nuestro.

Sin embargo, el artículo 866.2° C.c. viene a establecer una excepción a la regla, cuando existan derechos o gravámenes sobre la cosa del legatario a favor de otra persona y la *voluntas testatoris* fuese la de liberar la cosa de aquel derecho o gravamen.

En conclusión, el legado de cosa del legatario no vale como legado de la cosa, pero tampoco vale de por sí como legado de liberalización de gravamen, salvo que aparezca otra voluntad del testador dirigida a ordenar la liberalización del gravamen. En otras palabras, como explica DÍEZ-PICAZO, no se transforma el legado en una obligación para el heredero de liberar el derecho o gravamen sino sólo cuando el testador lo hubiese dispuesto expresamente.

Para MANRESA, a pesar el tenor literal del art. 878 C.c., el legado será válido si quien después de otorgado el testamento ha adquirido la cosa del legatario es el propio testador, en cuyo patrimonio se encuentra el bien al ocurrir su fallecimiento, por aplicación del art. 862 C.c. No comparten esta opinión OSSORIO MORALES ni el profesor ALBALADEJO, para quienes el art. 878 prevé una regla especial por la cual el legado de cosa propia del legatario será ineficaz si enajenada después del otorgamiento del testamento la cosa por aquél ha sido adquirida por un tercero o por el propio testador.

4.3. Legado de cosa gravada

Se completa el régimen jurídico del legado de cosa gravada en los artículos 867, 868 y 871.2° del c.c., regulándose a tales efectos en los citados preceptos los legados de cosa empeñada o hipotecada, los legados de cosa sujeta a usufructo, uso o habitación y los legados de cosa gravada con otra carga perpetua o temporal.

Dispone el artículo 867 C.c. que "cuando el testador legare una cosa empeñada o hipotecada para la seguridad de alguna deuda exigible el pago de ésta quedará a cargo del heredero si por no pagar el heredero lo hiciese el legatario, quedará éste subrogado en el lugar y derechos del acreedor para reclamar contra el heredero.

Cualquier otra carga, perpetua o temporal, a que se halle afecta la cosa, pasa con ésta al legatario; pero en ambos casos las rentas y los intereses o réditos devengados hasta la muerte del testador son carga de la herencia".

En relación con cualquier otro tipo de gravamen de carácter perpetuo o temporal, la cosa se transmite con esa carga al legatario pues es inseparable. Como consecuencia, el legatario estará obligado a pagar los réditos derivados del gravamen a partir de la muerte del testador. Los anteriores a esta fecha que no hubiesen sido satisfechos son una deuda hereditaria y como tal una carga de la herencia. A este respecto, ha expresado MANRESA que si no se pagan esos réditos anteriores, peligra el derecho del legatario, por lo que podrá satisfacerlos él y subrogarse en los derechos del acreedor, para poder reclamar contra el heredero. En todo caso, apunta LACRUZ que la expresión "cualquier otra carga" excluye la pignoraticia y la hipotecaria, incluyendo, por el contrario "censos, servidumbres o derechos reales in re aliena de otra clase" (véase sentencia de 10 de diciembre de 1982).

Por otra parte, el artículo 868 C.c. dispone que "si la cosa legada estuviese sujeta a usufructo, uso o habitación, el legatario deberá respetar estos derechos hasta que legalmente se extingan".

4.4. Legado alternativo

Indica el artículo 874 C.c. que "por los legados alternativos se observará lo dispuesto para las obligaciones de la misma especie, salvadas las modificaciones que se deriven de la voluntad expresa del testador".

Se regula por tanto el legado alternativo sin diferenciar si los objetos legados pertenecen o no al caudal relicto, y si están determinados individualmente o según notas genéricas o si consisten en prestaciones de dar o hacer, del heredero o de un tercero.

Estos legados se rigen en principio, conforme explicita el artículo 874 C.c. por la voluntad expresa del testador, y si no se ha declarado esta voluntad se aplicarán las reglas de las obligaciones alternativas.

Así, si el testador no dispuso nada, corresponderá *ab initio* la elección al deudor, que es el gravado con el legado (art. 1.132.1° C.c.). Del mismo modo, el gravado no podrá elegir las prestaciones imposibles, ilícitas o que no hubieran podido ser objeto de la obligación.

En cuanto a la elección del gravado, no producirá efectos para el acreedor hasta su notificación, que no está sujeta a forma alguna.

Por otro lado, la elección habrá que hacerla en el tiempo que hubiese fijado el testador (art. 874 C.c.) y, en su defecto, procederá una vez producida la apertura de la sucesión, y en última instancia el momento podrá venir determinado judicialmente. Se admite por el TS que la viuda legataria, como quiera que el causante le facultó en el testamento, elija de manera expresa en el propio cuaderno particional el legado de pleno dominio del tercio de libre disposición y no el usufructo universal de la herencia (véase sentencia TS de 20 de mayo de 2010).

4.5. Legados genéricos

Legado de cosa genérica

Se puede entender el legado de cosa genérica como el que recae sobre una cosa que se determinará exclusivamente por el género a que pertenece. En estos legados, el testador impone al gravado la obligación de proporcionar al legatario una cosa prestación del género que se designe (RIVAS MARTÍNEZ).

El artículo 875 C.c. dispone que el legado de cosa mueble genérica será válido aunque no haya cosas de su género en la herencia, y habiéndolas puede escogerse cosa de dentro o fuera (ALBALADEJO).

Por el contrario, el legado de cosa inmueble genérica sólo será válido si la hubiere de su género en la herencia, bien entendido que el momento para determinar si hay cosas inmuebles o no de las del género, será el de la muerte del testador. La elección será del heredero gravado (art. 875 C.c.), quien cumplirá con dar una cosa que no sea de la calidad inferior ni de la superior.

Sobre la elección, añade el artículo 876 que siempre que el testador deje expresamente la elección al heredero o legatario, el primero podrá dar, o el segundo elegir, lo que mejor les pareciese. En cuanto a la irrevocabilidad de la elección, el artículo 877 concluye que si el heredero o legatario no pudiere hacer la elección en el caso de haberle sido concedida, pasará su derecho a los herederos; pero una vez hecha la elección, será irrevocable.

El Código civil en los citados artículos establece las reglas para la elección. Y así, en principio, parece que corresponde al gravado, pero el testador puede expresamente ordenar la elección al heredero o legatario. Será posible incluso que el propio causante confiera la elección a un grupo o a varias personas, así por ejemplo a algunos de los herederos, a los legatarios. En este caso, es posible que pueda producirse un conflicto en la elección, circunstancia que no viene contemplada por el Código civil. Según Manresa, puede resolverse a través de la solución que daban Las Partidas, que decían que cuando tuviesen que escoger varios legatarios, o sus herederos, y no pudiesen ponerse de acuerdo, podía establecerse a suerte entre ellos.

Hecha la elección a través de la especificación, el legado se convierte de un legado de género en un legado de cosa determinada. En todo caso, los legados genéricos no podrán ser exigidos hasta que no se hayan practicado las operaciones particionales (art. 1027 C.c.).

Legado de cantidad. El legado de dinero

Establece el párrafo segundo del artículo 886 Cc que los legados en dinero deberán ser pagados en esta especie, aunque no lo haya en la herencia.

Comparte este legado la naturaleza del legado de cosa genérica, consistiendo por tanto, en una especialidad del legado de género, pero en el legado de cantidad, la cosa se va a determinar por su número o cantidad.

Con respecto a los intereses, según DÍEZ PICAZO, no se deben desde su fallecimiento, salvo que se disponga expresamente lo contrario, pese a que el legatario tiene derecho a exigir el pago desde ese momento. Por lo tanto, empezarán a devengarse desde que se entra en mora, y en consecuencia, desde el momento en que son reclamados por el legatario, desde la interposición de la demanda (STS de 29 de diciembre de 1991).

5. LEGADOS INCORPORALES

5.1. Legado de crédito y liberación

El legado de crédito implica que el testador deja al legatario un crédito que le correspondía a él contra un tercero; en tanto que mediante el de liberación el testador perdona al legatario la deuda que éste tenía contraída con él.

Puede ser considerado como legado de crédito a estos efectos cualquiera que tenga por objeto un crédito, siempre que sea transmisible. Por tanto, la expresión legal "crédito" no ha de tomarse en un sentido exclusivamente bancario, sino como el derecho a percibir cantidades adeudadas (vide STS de 25 de Junio de 1977). Asimismo, en el legado de crédito habrán de entenderse incluidos todos los derechos accesorios, como la fianza, hipoteca, prenda o privilegio (arts. 1528 y 883 C.c.).

De la regulación del art. 870 del C.c. de esta clase de legados se desprenden las siguientes normas:

a) El legado sólo surtirá efecto en la parte de crédito subsistente al tiempo de morir el testador (art. 870.1).

b) Comprenderá asimismo los intereses adeudados al tiempo de la muerte (art. 870.3).

c) Será obligación del heredero la cesión de todas las acciones que pudieran competirle contra el deudor (art. 870.21 C.c.). Esta cesión de acciones deberá de hacerse en escritura pública si el crédito venía consignado en este tipo de documento, por imperativo del art. 1280.6 Cc. Por lo tanto, el legado de crédito se traduce en la posibilidad de ceder los derechos y acciones sobre el crédito, así como la entrega de cualquier documento o medios probatorios correspondientes (OSSORIO MORALES). Frente a esta doctrina, ALBALADEJO y PUIG BRUTAU interpretan que el legado de crédito del testador comparte la naturaleza de un legado de cosa propia del testador, de suerte que el testamento es el título que acredita la adquisición del crédito por el legatario de forma directa y sin necesidad de cesión por el heredero.

d) El legado caduca si el testador, después de haberlo concedido, demandare judicialmente al deudor para el pago de su deuda, aunque éste no lo hubiese hecho todavía en el momento del fallecimiento del testador.

5.2. Legado para el pago de deuda

Consistirá este legado, en palabras de ROYO MARTÍNEZ, en atribuir por vía de legado cualquier ventaja patrimonial a un acreedor del testador en consideración a la deuda pendiente entre ambos y con finalidad novatoria o solutoria.

Dispone el artículo 873 C.c. que el legado hecho a un acreedor no se imputará en pago de su crédito, a no ser que el testador así lo declare expresamente. En este caso, el acreedor tendrá derecho a cobrar el exceso del crédito o del legado.

Se pueden producir varios supuestos en el legado para pago de deuda:

a) Que el testador ordene un legado y expresamente manifieste que es en pago de un crédito que en realidad existe y que ostenta contra él el legatario, pero lo legado es de cuantía inferior al valor de la deuda, supuesto en que no se cancelará o extinguirá la deuda, sino que queda subsistente el crédito por la diferencia, quedando legitimado el acreedor (legatario) para exigir de los herederos del gravado la cantidad que queda por satisfacer.

b) Cuando el legado es de valor superior a la deuda, la deuda quedará extinguida y el legatario tiene derecho a cobrar el legado en su totalidad.

c) Puede el testador ordenar un legado y expresamente declarar que es en pago de un crédito del legatario frente a él, pero lega a aquél una cosa distinta de la debida. En este supuesto, a tenor de las reglas generales, el legatario no puede ser obligado a recibir de su deudor (testador) una cosa distinta de la debida (ex art. 1.166 C.c.), si bien ello no obsta a que el acreedor legatario lo aceptase, con lo que el legado valdrá entonces como pago de la deuda; de no aceptarlo, perderá el legado, pero en todo caso conservará su crédito.

5.3. Legado de pensión o prestación periódica

Dispone el art. 880 Cc que: «Legada una pensión periódica o cierta cantidad anual, mensual o semanal, el legatario podrá exigir la del primer período así que muera el testador, y la de los siguientes en el principio de cada uno de ellos, sin que haya lugar a la devolución aunque el legatario muera antes que termine el periodo comenzado.»

Como modalidades del legado de pensión se regulan en el Código civil los legados de alimentos y el de educación del artículo 879 Cc, según el cual, "el legado de educación dura hasta que el legatario sea mayor de edad. El de alimentos dura mientras viva el legatario, si el testador no dispone otra cosa".

Si el testador no hubiese dispuesto cantidad concreta para estos legados, se fijará según el estado y condición del legatario y el importe de la herencia.

Si el testador habitualmente entregaba en vida al legatario cierta cantidad de dinero u otras cosas por vía de alimentos, se entenderá legada la misma cantidad, si no resultaré de extraordinaria desproporción con la cuantía de la herencia.

Este tipo de legado consiste en el pago de una cantidad de dinero a favor del legatario que puede exigir al gravado con el legado.

En relación con la cuantía, la doctrina en esta clase de legados ha distinguido los siguientes supuestos:

a) Legado genérico de alimentos y educación que tiene lugar cuando el testador no señala cantidad alguna en concepto de alimentos o educación. Cuando así suceda, la cantidad se determinará según el estado y condición del legatario, y el importe de la herencia.

b) Legado de una cantidad periódica para alimentos o educación. Se lega expresamente una cantidad con la finalidad de prestar alimentos y educación. Declara la doctrina que esta cantidad deberá abonarse con independencia de que resulte o no suficiente para atender a las necesidades del legatario alimentista, incluso cuando no la necesite.

En este supuesto, el legado de educación subsiste hasta que el legatario sea mayor de edad. El de alimentos se prolonga mientras viva el legatario si el testador no dispone otra cosa teniendo siempre en cuenta lo dispuesto en el artículo 142 Cc respecto a la obligación legal de alimentos.

6. ACEPTACIÓN Y REPUDACIÓN DE LEGADOS

Los artículos que forman la Sección 4, Capítulo 5, Título III del Libro III del Código, bajo el epígrafe "De la aceptación y repudiación de la herencia" se refieren únicamente a ésta, sin remisión alguna a los legados, no pudiendo aplicarse a éstos la doctrina allí señalada, pues el mismo Código civil, si hubiese sido esa su intención, lo habría dispuesto como ha hecho en otras ocasiones. No es de esta opinión el profesor Lacruz, ya que a su juicio en materia de aceptación y repudiación de legados, rigen por analogía, ciertas normas de la herencia, entre las que cita el art. 988, 989 999 a 1001 C.c., sin perjuicio, como apunta el citado jurista, de que en este caso la aceptación consista en una renuncia al derecho a repudiar.

De forma explícita el Código civil sólo dedica a la aceptación o repudiación de legados los artículos 888 a 891 Cc. De estos artículos y de los términos utilizados, se entiende que el legatario puede aceptar y repudiar la disposición a su favor.

7. LA ADQUISICIÓN DE LOS LEGADOS

De lo previsto en los arts. 888 y 891 C.c. pueden extraerse en relación con la adquisición de los legados las siguientes normas:

1. Cuando el legado no es oneroso podrá el legatario aceptar una parte de la herencia y repudiar otra (*a sensu contrario* art. 889), posibilidad que no permite el Código civil para la herencia (art. 989). La causa de esta disposición es que no se rechace lo perjudicial aceptando lo beneficioso (DÍEZ-PICAZO).
2. Siguiendo la misma exégesis que en el supuesto anterior, el Cc prohibe que de ordenarse dos legados a favor de la misma persona se repudie el oneroso, aceptando el otro (art. 990.1).
3. Si los dos legados son onerosos o los dos son gratuitos podrá aceptar los dos o repudiar el que quiera (art. 890.1).
4. El heredero que sea al mismo tiempo legatario, podrá aceptar el legado y renunciar a la herencia o a la inversa.

En relación con la adquisición concreta, y en particular sobre el carácter automático de la misma, se puede decir que depende del tipo de legado de que se trate, y así:

a) Si el legado es puro y simple, el legatario adquiere su derecho al legado desde un principio, sin necesidad de aceptación desde la muerte del causante, momento en que lo puede trasmitir a sus herederos (art. 881). Adquiere el legatario derecho *ipso iure* al legado y sin necesidad de aceptación (sentencia de 27 de junio de 2000).

b) Si el legado es condicional, con condición suspensiva, no hay adquisición automática, sino que por aplicación de las reglas de los artículos 889 y siguientes C.c., el legado se adquiere cuando la condición se cumple, momento en que se produce la delación a favor del legatario. Si el legado queda sometido a término inicial, el legatario adquiere, siempre que sobreviva al testador, un derecho o expectativa cierta al legado, pero la efectividad del mismo se dilatará hasta el momento en que dicho término llegue (RIVAS MARTÍNEZ).

Pueden además incorporarse otras excepciones a la regla general de la necesidad de solicitar entrega, a saber:

a) Que al fallecer el testador, el legatario ya se hallare en posesión de la cosa legada.
b) Que se trate de un legado de usufructo universal, ya que, en opinión de Vallet, tanto su atribución como el mismo contenido del usufructo universal (art.508) implican que la posesión se transfiere directamente sin pasar por el heredero que no adquiere sino la nuda propiedad.
c) Que el testador haya distribuido toda la herencia en legados y no hubiere designado contador-partidor o albacea facultado para entregarlos.
d) Que se trata de un legado "pro legitima", ya que a juicio de VALLET, conforme a lo previsto en el art. 806 Cc, pues una cuota líquida de los bienes de la herencia es reservada por la ley a los legitimarios, y la disposición del legado por el causante a su favor no hace sino atribuirles esa porción.

8. LOS DERECHOS DEL LEGATARIO

8.1. La acción para reclamar el legado

Con carácter general, el legatario puede ejercitar la denominada por la doctrina "acción ex testamento", contra los herederos o quien represente a la herencia. Se trata de una acción de carácter personal y que por no tener señalado plazo especial, deberá ejercitarse en un plazo de quince años conforme al art. 1964 Cc (vide SAP Orense 20 de noviembre de 2002).

8.2. Las garantías del legado

Con la finalidad de impedir que una conducta ilícita del heredero pueda frustrar el derecho del legatario, se viene concediendo a éste, desde antiguo, determinadas garantías. En el derecho común y, entre nosotros, en Las Partidas se reconoce a favor del legatario una hipoteca legal tácita sobre los bienes del difunto. Este remedio subsistió en nuestro derecho histórico hasta la Ley Hipotecaria (1861) que, al abolir las hipotecas tácitas, transformo este derecho a favor de los legitimarios en una anotación preventiva.

8.3. Lugar y tiempo de la prestación y evicción de las cosas legadas

En cuanto al lugar de prestación del legado, no existe en el Código civil disposición alguna al respecto, por lo que deben considerarse aplicables las reglas establecidas para el pago de las obligaciones en general (art. 1.170).

Por lo que respecta al tiempo de la prestación del legado, adquiriendo el legatario derecho desde la muerte del testador, su derecho es ejercitable desde luego como toda obligación pura (art. 1.113), salvo que se halle aplazado en cuanto a su cumplimiento o condicionado.

El legado de prestaciones periódicas debe satisfacerse en los períodos de tiempo previstos legalmente (art. 880 C.c.).

En lo que concierne a la evicción de las cosas legadas, conforme al principio general de que en las transmisiones a título lucrativo el transmitente no responde del saneamiento (art. 683 C.c.), tampoco existe semejante obligación de garantía en los legados. De suerte que si, habiéndose legado una cosa determinada, resultase después el legatario privado de ella por sentencia firme que declarase que no pertenecía al testador o si la cosa adolece de algún defecto oculto, no puede el legatario exigir de quien hubiese hecho la entrega la correspondiente reparación.

En cuanto al legado oneroso o legado modal, en doctrina mayoritaria, entienden que es de aplicación lo dispuesto en el último párrafo del artículo 638 del Código civil.

8.4. La responsabilidad del legatario

A propósito de la responsabilidad hereditaria, la posición jurídica del heredero y del legatario es distinta, mientras el heredero, como sucesor y subrogado en el lugar del causante, responde de las deudas de aquél no sólo con los bienes hereditarios sino también con los suyos propios (arts. 1.003 y 1.084, salvo en los casos de aceptación a beneficio de inventario), el legatario, en cambio, no es un continuador de la personalidad patrimonial del testador y sólo adquiere bienes o derechos particulares, por lo que las deudas del causante no le afectan, salvo en el caso de que el propio testador así lo haya previsto.

Sin embargo, no obstante este principio general, en opinión de Diez-Picazo, existen algunos supuestos en los que las deudas del causante pueden afectar al legatario:

a) Si el testador impuso el pago de algunas deudas al legatario como carga o como condición del legado (vide arts. 858 y 642 C.c.). Ahora bien, en tal caso el legatario no asume una responsabilidad directa, ni universal, es decir, con sus bienes, frente al acreedor del causante.

b) Si toda la herencia está distribuida en legados el artículo 891 C.c. recoge la responsabilidad directa de los legatarios por las deudas del causante. En este caso, expresa el precepto mencionado que se prorratearán las deudas y gravámenes de ella entre los legatarios en proporción a sus cuotas, a no ser que el testador hubiese dispuesto otra cosa. La responsabilidad de los legatarios en este caso es mancomunada; por lo que se prorratean, dice el Código civil, las deudas y gravámenes de ella entre los legatarios a proporción de sus cuotas, es decir, al valor de las cosas recibidas por cada uno de ellos. Se produce pues una división automática de las deudas, respondiendo cada legatario de su parte.

c) Si la herencia se aceptó a beneficio de inventario los legatarios podrán responder por las deudas y obligaciones del causante (vide art. 1029 C.c.). En efecto, si después de pagados los legados, apareciesen otros acreedores, éstos sólo podrán reclamar contra los legatarios en el caso de no quedar en la herencia bienes suficientes para pagarles.

9. ORDEN DE PREFERENCIA ENTRE LEGATARIOS

Conforme dispone el art. 887 C.c. si los bienes de la herencia no alcanzaren para cubrir todos los legados, el pago se hará en el orden siguiente:

1.° Los legados remuneratorios

2.° Los legados de cosa cierta y determinada, que forme parte del caudal hereditario

3.° Los legados que el testador haya declarado preferentes

4.° Los de alimentos

5.° Los de educación

6.° Los demás a prorrata

Como recuerda Lacruz, este precepto es aplicable al supuesto del art. 891 C.c. que regula el prorrateo de las deudas, pero bien entendido que en el caso de insuficiencia del caudal para el pago de los propios legados no pretende configurar una excepción al art. 887 C.c.

Los supuestos que tradicionalmente se han entendido comprendidos en el precepto son:

a) La aceptación de la herencia a beneficio de inventario, ya que una vez satisfechos los créditos tendrán que pagarse los legados pero limitándose a los bienes de la herencia. Cuando la aceptación es pura y simple, al producirse la confusión de patrimonios, es ya indiferente que existan o no bienes en la herencia para cubrir todos los legados, pues hay una *responsabilidad ultra vires* (art. 1.003 C.c.).

b) La distribución de toda la herencia en legados, conforme al artículo 891 C.c.

Así, ha concluido la doctrina a propósito de la interpretación del art. 887 Cc que el citado artículo implica la mera concurrencia de legados; como pugnan únicamente éstos entre sí, el legislador determina un orden de prelación con arreglo a los principios que ha estimado justo adoptar. Y así, si no hay suficiente caudal resuelve entre ellos cuál de los mismos deben de entregarse con preferencia. Claro que es opinión mayoritaria de la doctrina española que el art. 887 Cc establece un orden que el testador puede modificar, de suerte que si lo hace se estará a lo previsto por él (por todos Rivas Martínez).

Debate igualmente la doctrina a propósito del conflicto entre legatarios y herederos forzosos, en el que debe tenerse presente que el artículo 820 C.c. responde a la necesidad de dejar a salvo la legítima, mediante la reducción o anulación, en su caso, de los legados y donaciones inoficiosas. Así, según el art. 820.2° Cc, si lo dispuesto en legados no permite cubrir la legítima, establece una reducción de la cantidad de los mismos hasta que se deje a salvo la legítima. De lo que reste para legados, si no es suficiente para pagar todos, se hará en base al orden de preferencia del art. 887 C.c.

10. VALIDEZ E INEFICACIA DE LOS LEGADOS

El artículo 869 C.c. establece que el legado quedará sin efecto:

1. Si el testador transforma la cosa legada, de modo que no conserve ni la forma ni la denominación que tenía (869.1 C.c.).

Se trata de un supuesto de revocación tácita. Esta causa se funda especialmente en la presunta voluntad del causante de dejar sin efecto el legado, y no tanto en la pérdida de la identidad de la cosa legada. En este sentido se presume por el legislador que la actuación modificadora sustancial de la cosa por el disponente revela un ánimo revocatorio; pero como apunta la jurisprudencia, siempre y cuando la transformación sea posterior al testamento, de suerte que si se hubiera iniciado con antelación, no puede ser entendida como un cambio en la voluntad del testador presuntamente revocatorio de una manda que aún no se ha ordenado (STS de 20 de noviembre de 2000).

2. Si el testador enajena por cualquier título o causa, la cosa legada o parte de ella, entendiéndose en este último caso que el legado queda sólo sin efecto respecto a la parte enajenada. Si después de la enajenación volviere la cosa al dominio del testador, aunque sea por la nulidad del contrato, no tendrá después de este hecho fuerza el legado, salvo el caso en que la readquisición se verifique por el pacto de retroventa.

Debe interpretarse el término enajenación tanto como transmisión a título oneroso y a título gratuito (STS de 19 de noviembre de 2007).

Por otro lado, en este supuesto el legislador deduce de la voluntad del testador (que se desprende de la cosa) que renuncia la destino inicial que había concedido al bien. En efecto, se presume que si la cosa es enajenada, se pretende dejar sin efecto el legado hecho con anterioridad, por esa razón se regula una excepción: la venta con pacto de retro. En estos supuestos, el testador no ha tenido intención o propósito de enajenar definitivamente la cosa, porque vendió reservándose el derecho a readquirir (ALBALADEJO).

3. "Si la cosa legada perece del todo viviendo el testador, o después de su muerte sin culpa del heredero. Sin embargo, el obligado a pagar el legado responderá por evicción, si la cosa legada no hubiese sido determinada en especie, según lo dispuesto en el artículo 860".

En principio, se distinguen en este supuesto dos ámbitos bien diferentes: por una parte, respecto al legado de cosa específica y propia del testador; y por otro, respecto del legado de cosa genérica.

CAPÍTULO 5
LAS SUSTITUCIONES HEREDITARIAS

1. CONCEPTO Y CLASES

En general las sustituciones pueden ser definidas como: «disposición *testamentaria* por la que el testador llama a un tercero a la herencia o legado, en *defecto* de otra persona o *después* de ella» (RIVAS MARTÍNEZ).

Del concepto apuntado se desprenden, fundamentalmente, dos clases de sustituciones:

1. La sustitución *directa,* por la que se llama a una persona *«en defecto»* del primer favorecido, (sustitución *vulgar),* y
2. La sustitución *indirecta,* por la que se llama a una persona *«después de otra»* (sustitución *fideicomisaria).*

En realidad se trata de dos sustituciones profundamente diferentes. La sustitución vulgar se configura como una sustitución subsidiaria o defectiva, pues el causante quiere que sólo sea eficaz uno de los nombramientos y para ello, además del llamado con carácter preferente, hace uno o varios llamamientos eventuales. Por el contrario, la sustitución fideicomisaria contiene nombramientos sucesivos, de manera que la pluralidad de llamamientos es reveladora de la pluralidad de favorecidos, y tendrán el patrimonio hereditario uno después del otro.

2. LA SUSTITUCIÓN VULGAR

2.1. Concepto

Según ROCA-SASTRE MUNCUNILL la sustitución vulgar es la disposición testamentaria en virtud de la cual el testador nombra a un segundo o ulterior heredero (o legatario) para el caso o en previsión de que el anterior heredero instituido (o legatario llamado) no llegue efectivamente a serlo por no poder o no querer. Esta idea se halla presente en el art. 774 C.c., cuando afirma: «Puede el testador sustituir una o más personas al heredero o herederos instituidos para el caso en que mueran antes que él, o no quieran, o no puedan aceptar la herencia»; añadiendo el segundo párrafo del citado artículo que «La sustitución simple, y sin expresión de casos, comprende los tres expresados en el párrafo anterior, a menos que el testador haya dispuesto lo contrario».

Fallecido el causante o testador le sucederá el instituido o, en su defecto, el sustituto, es decir, habrá una sola sucesión: la del instituido o la del sustituto. Puede decirse que la calificación de sustitución directa aplicada a la vulgar permite indicar que el sustituto no recibe la herencia a través del instituido, sino directamente del testador o sustituyente.

2.2. Naturaleza jurídica

Se encuentra dividida la doctrina a propósito de la naturaleza jurídica de la sustitución vulgar, fundamentalmente en torno a tres posiciones: la que considera que es una mera previsión sucesoria del testador; la que mantiene que es una verdadera institución condicional; y la que, situándose en una posición intermedia, distingue entre los supuestos de renuncia y los de premoriencia e incapacidad.

A) La sustitución vulgar es una previsión sucesoria del testador

Considera en este caso la doctrina que debe rechazarse el criterio que razona que la sustitución vulgar implica para el sustituto una institución sujeta a condición suspensiva.

La sustitución vulgar consiste en una previsión sucesoria del testador, similar a la que adopta la ley en los llamamientos sucesivos del ordenamiento intestado. Es llamada una persona, y en defecto de ésta es llamada otra. Se identifica en el ámbito sucesorio con una multiplicidad de designaciones de posibles sucesores en la sucesión intestada.

B) La sustitución vulgar es una institución condicional

La doctrina española mayoritariamente defiende que la sustitución vulgar es una verdadera institución condicional, pues el llamamiento al sustituto, depende de un hecho futuro e incierto, a saber: que el primer instituido no pueda o no quiera aceptar la herencia. En consecuencia la sustitución vulgar ha de regirse, supletoriamente, por los preceptos relativos a la institución de heredero condicional (véanse arts. 790 y siguientes del Código Civil).

La sustitución es siempre, a juicio de RIVAS MARTÍNEZ, una institución de heredero; y por tanto, el sustituto es un heredero instituido subsidiariamente sólo para el caso de que el primer nombrado no pueda o no quiera heredar. La sustitución vulgar se define pues, como una institución condicional, un llamamiento a la herencia, en el cual la condición suspensiva consiste en el acontecimiento futuro e incierto de que no sea heredero el instituido en el primer llamamiento.

Siguiendo el criterio de la doctrina mayoritaria, en cuanto a la naturaleza jurídica, se puede considerar a la sustitución vulgar como una institución sujeta a condición suspensiva que retrasa la delación hereditaria al momento mismo de su cumplimiento (SSTS de 24 de enero de 1891, 29 de diciembre de 1917 y 28 de diciembre de 1923).

Si al morir el testador el instituido vive y es capaz y la institución no es nula, recibe la delación, y en este momento el sustituto adquiere una expectativa de la suya. En caso contrario, premoriencia o incapacidad del heredero, no hay delación para él, pero sí para el sustituto desde el momento de la muerte del testador.

2.3. La sustitución vulgar en el Código civil

Explica el art. 774 C.c. "que puede el testador sustituir una o más personas al heredero o herederos instituidos para el caso en que mueran antes que él, o no quieran, o no puedan aceptar la herencia, en tanto que el párrafo 2, del citado art. 774 C.C. señala que «La sustitución simple, y sin expresión de casos, comprende los tres expresados en el párrafo anterior, a menos que el testador haya dispuesto lo contrario.»

En palabras del profesor LACRUZ, la sustitución otorgada sin expresión de casos (sustitución vulgar simple) comprende todos aquellos en que el heredero designado en primer lugar no llega a serlo, bien por imposibilidad, por falta de voluntad o por premoriencia, indignidad e incapacidad de cualquier clase del instituido, condición suspensiva no cumplida, etc.

Cuando, por el contrario, se explicitan por el testador los supuestos en que procede la sustitución vulgar (sustitución vulgar expresa), dicha expresión, a juicio de LACRUZ, puede ser ad exemplum, por lo que no implicará la exclusión de los casos no expresados, y ello a pesar de la interpretación en contrario que pueda desprenderse del art. 774.2° C.c. No lo ha interpretado así la jurisprudencia, que ha declarado "que si la sustitución ordenada en estaemnto para el caso de que el primeramente instituido fallezca antes que la testadora, tiene también lugar, no por premoriencia, sino por renuncia de dicho instituido, ha de resolverse en el sentido de limitarse la efectividad del segundo llamamiento al único supuesto expresado" (RDGRN de 25 de enero de 1916 y 6 de junio de 1929).

2.4. Formas y modalidades de la sustitución vulgar

Según el art. 778 C.c. «Pueden ser sustituidas dos o más personas a una sola; y al contrario, una sola a dos o más herederos.»

Si los herederos instituidos en partes desiguales fueren sustituidos recíprocamente, como dice el art. 779 C.c., tendrán en la sustitución las mismas partes que en la institución, a no ser que claramente aparezca haber sido otra la voluntad del testador.

Por su parte el art. 780 C.c. indica que «El sustituto quedará sujeto a las mismas cargas y condiciones impuestas al instituido, a menos que el testador haya dispuesto expresamente lo contrario, o que los gravámenes o condiciones sean meramente personales del instituido».

Ahora bien, a continuación el citado art. 780 admite dos excepciones a la regla anteriormente expresada, a saber:

a) Que el testador haya dispuesto expresamente lo contrario. A este respecto ha apuntado la doctrina que pese al tenor literal del precepto (De Buen, Albaladejo, Lacruz), será suficiente que conste indubitadamente la voluntad contraria del causante para que el sustituto no quede sujeto a las cargas o condiciones impuestas al primer instituido.

b) Que los gravámenes o condiciones sean meramente personales del instituido. A propósito de esta excepción, no se muestra unánime la doctrina, si bien nos inclinamos por señalar como más acertada la tesis que considera que si las condiciones y cargas han sido impuestas al instituido subjetivamente, en consideración especial a su persona se deberán calificar de "personales; en tanto que las impuestas en consideración a la liberalidad al margen de la persona de la persona del heredero o legatario (pago de cantidades, construcción de un edificio), se presumirán impuestas al sustituto; si bien como presunciones *iuris tantum,* pueden ser destruidas mediante prueba de la voluntad contraria del testador.

3. LA SUSTITUCIÓN FIDEICOMISARIA

3.1. El concepto legal

Define el art. 781 C.C. la sustitución fideicomisaria como «aquella en cuya virtud se encarga al heredero que conserve y transmita a un tercero el todo o parte de la herencia.»

A este respecto ha criticado Lacruz la falta de propiedad del legislador que emplea el término "encargo", lo que parece dar a entender la existencia de un encargo o petición, cuando se trata de un gravamen o exigencia impuesto al fiduciario, y se utiliza la expresión "transmitir", cuando en realidad, apunta este autor, el fiduciario no transmite los bienes al fideicomisario, bien al contrario, es la propia ley quien atribuye la titularidad de forma automática al segundo heredero, estableciendo para el primero un deber de entregar materialmente los bienes.

De lo dispuesto en el citado art. 781 C.c. y conforme ha señalado la DGRN se desprenden los siguientes caracteres de la sustitución fideicomisaria (RDGRN 27 de octubre de 2004):

a) Carácter natural, que consistente en la obligación de conservar los bienes o indisponibilidad impuesta al fiduciario; obligación de la que puede dispensar el testador al fiduciario (art. 783) apareciendo entonces el fideicomiso de residuo.

   Señala a este respecto el T.S. en su sentencia de Sentencia de 13 de diciembre de 1974 que la sustitución fideicomisaria, en virtud de la cual el testador impone al heredero o legatario la obligación de conservar los bienes o cosa legada, para entregarlas, a su fallecimiento, a otra u otras personas designadas por él mismo, precisa como *requisitos esenciales para su existencia y efectividad*: primero, una doble o múltiple vocación hereditaria consignada de forma expresa e inequívoca en el testamento (arts. 783 p.º 1 y 785 n.º 1 C.C. y Sentencias del T.S. de 3 de julio de 1956 y 19 de diciembre de 1964); segundo, un gravamen impuesto al fiduciario de conservar y entregar los bienes fideicomitidos al llamado en segundo lugar a la sucesión, según exige el art. 781 y las Sentencias de esta Sala de 3 de noviembre de 1890, 21 de diciembre de 1918, 8 de julio de 1920, 20 de junio de 1928 y 25 de abril de 1951); y tercero, el establecimiento de un orden sucesivo y cronológico para la adquisición de la herencia o legado por el sustituido en primer lugar y el sustituto, de forma que venga uno *después* del otro en trance de continuidad sucesoria (Sentencia de 6 de abril de 1954 y de 3 de julio de 1963).

b) Carácter esencial. Se trata de un llamamiento plural y cronológicamente sucesivo al fiduciario y fideicomisarios, elemento del que no puede dispensar el testador si no quiere prescindir de la sustitución fideicomisaria (STS de 19 de noviembre de 1964).

Explica Ossorio Morales que el fideicomisario, aunque recibe los bienes después de haberlos tenido, normalmente, hasta su muerte el fiduciario, no le sucede, ni trae causa de él, sino que los recibe en virtud del llamamiento que a su favor hizo el testador fideicomitente, de quien es segundo heredero. En esta misma línea afirma LACRUZ que el legislador ha considerado a fiduciario y fideicomisario como herederos sucesivos, estableciendo que ambos reciben los bienes directamente del propio testador y a título universal. Así, ha reiterado la jurisprudencia, "el testador es el único causante al que suceden los llamados sucesivamente, no sucediendo en ningún caso el fideicomisario al fiduciario, aunque sólo se perfeccione su derecho cuando se extingue la vida del primer llamado" (STS de 3 de marzo de 1964); así, "tanto el fiduciario como el fideicomisario son herederos del fideicomitente, que es causante de ambos, de manera que el fideicomisario no hereda del fiduciario..., o sea, que la aptitud para suceder la ha de tener el fideicomisario no respecto al fiduciario, sino al fideicomitente" (SSTS de 22 de julio de 1994, 29 de diciembre de 1997 y 14 de marzo de 2003).

3.2. La disposición expresa del testador

Para determinar en la práctica si en un concreto testamento se ha dispuesto o no una sustitución fideicomisaria, debe interpretarse la disposición testamentaria y que de ésta se desprenda la misma de un modo suficientemente claro. Por tanto, que la voluntad del testador de establecer la sustitución debe resultar evidente.

Según el art. 783.1° C.c.: «Para que sean válidos los llamamientos a la sustitución fideicomisaria, deberán ser expresos», en tanto que el art. 785.1°, dispone que: «No surtirán efecto: 1.° Las sustituciones fideicomisarias que no se hagan de una manera expresa, ya dándoles este nombre, ya imponiendo al sustituido la obligación terminante de entregar los bienes a un segundo heredero.»

Asimismo, en el Derecho común queda prohibido el fideicomiso secreto o *herencia de confianza,* y así conforme al art. 785.4°: «No surtirán efecto... 4.°: Las que tengan por objeto dejar a una persona el todo o parte de los bienes hereditarios para que los aplique o invierta según instrucciones reservadas que le hubiese comunicado el testador.»

Ahora bien, que los llamamientos deban ser expresos no significa la exigencia de que los sustitutos sean designados nominalmente, porque como ha declarado la jurisprudencia será suficiente con individualizarlos por sus circunstancias, sin que haya duda sobre quienes van a ser los beneficiarios (SSTS de 3 de julio de 1963 y 13 de diciembre de 1974). Así lo interpreta ROCA SASTRE cuando expone que la locución "expresos" del artículo 785 no se refiere a las personas, sino a los llamamientos en sí, por lo que podrá designarse a los fideicomisarios por sus circunstancias, como así sucede en el caso de los herederos.

Como dice LACRUZ, la sustitución puede hacerse:

a) Imponiendo al sustituto la obligación terminante de entregar los bienes a un segundo o ulterior llamado, o bien con expresiones equivalentes, como si se ordena que tales bienes, llegado el día o cumplido el evento, pasen a otro u otros sucesores.

b) Cabe que el testador emplee literalmente la expresión "sustitución fideicomisaria".

c) Finalmente, puede llamar el testador como heredero con carácter sucesivo a varias personas, en cuyo supuesto tal llamamiento sucesivo y temporalmente limitado de varios causahabientes equivale a la imposición terminante a que se refiere el art. 785.1° C.c.

3.3. Los llamamientos en la sustitución fideicomisaria

En palabras de OSSORIO MORALES, constituyó una especial preocupación del legislador restringir las sustituciones fideicomisarias, con el propósito de evitar que mediante este tipo de sustituciones pudieran quedar los bienes indefinidamente sustraídos a la libre circulación y comercio, si la sustitución se establece con carácter perpetuo o indefinido a favor de una serie de herederos sucesivos.

Así, y después de amplios debates en la Comisión de Codificación, y sin alcanzar un acuerdo a propósito de acoger el principio de prohibición absoluta que el propugnaba el Proyecto de 1851, establece el art. 781 C.C. que las sustituciones fideicomisarias serán válidas y surtirán efecto siempre que no pasen del segundo grado o que se hagan en favor de personas que vivan al tiempo del fallecimiento del testador.

A tenor de lo previsto en el citado precepto, pueden ser llamados como sustitutos fideicomisarios, tantas personas vivientes a la apertura de la sucesión como se desee, y además, hasta dos todavía no vivientes al fallecer el testador, si bien es claro que cada una debe vivir ya (o estar concebidas), al abrirse la sucesión para ella.

Cuando el llamamiento de fideicomisarios sucesivos en favor de personas que vivan al tiempo de fallecer el testador, no hay limitación alguna en los llamamientos si los fideicomisarios nombrados han nacido en el momento de la apertura de la sucesión fideicomisaria, o bien, están concebidos (art. 29 C.C.). Los límites están previstos para evitar vinculaciones a perpetuidad, que no se producirán si los nombrados viven; el carácter perpetuo puede surgir por nombramiento de fideicomisarios no nacidos, futuras generaciones, que es lo que impiden los límites impuestos, en la medida suficiente para evitar la perpetuidad o la excesiva duración.

Como expresan Díez-Picazo y Gullón, no presentan ninguna dificultad los llamamientos sucesivos en favor de personas que viven al morir el testador, ya que la simultaneidad de sus vidas implicará que no se pueda prolongar excesivamente la vinculación de los bienes afectados por la sustitución. Ciertamente, el carácter esencialmente temporal de la vida humana impide que pueda originarse una vinculación perpetua, y por ello, el legislador se abstiene de poner límites en este caso al número de fideicomisarios que efectivamente lleguen a serlo.

Por el contrario, cuando el llamamiento a favor de personas que no vivan en el momento de fallecer el testador, según el art. 781: «... serán válidas y surtirán efectos siempre que no pasen del segundo grado.»

Discute, por otra parte, la doctrina la interpretación que deba darse a la expresión "segundo grado" en el ámbito del art. 781 C.c.

Manresa y Sánchez Román lo identifican con grado de parentesco, argumentando a este respecto que: lo dispuesto en la Base 16 al decir: «...las sustituciones fideicomisarias no pasarán ni aún en la línea directa de la segunda generación...»; así como que el art. 915 C.C.

nos dice que cada generación forma un grado; y que diversos textos históricos como la Real Cédula de 1818, que habla de «generación», y el Proyecto de 1851 (art. 638), hacen pensar que el art. 781 recogió el art. 638 del Proyecto de 1851.

Actualmente la doctrina (por todos, LLEDÓ YAGÜE), y la jurisprudencia han admitido que la expresión "grado" equivale a sustitución; y así, a favor de personas que aun no vivan al fallecer el testador serán posibles dos sustituciones, que implicarán tres llamamientos (SSTS de 19 de noviembre de 1964 y 28 de febrero de 1949).

Toda vez que hemos determinado la interpretación que deba darse a la palabra «grado», queda por resolver la cuestión relativa a desde donde ha de contarse el mismo.

Sin embargo, la doctrina mayoritaria española sostiene que la palabra «llamamiento», se refiere sólo a los sustitutos, no incluyendo al fiduciario o instituido, como se desprende del propio art. 781 cuando expresa en relación con las sustituciones «que no pasen del segundo grado», de ahí que se interprete que la restricción afecta exclusivamente a las sustituciones, y no a la institución. Que las sustituciones no pasen del segundo grado (DÍEZ-PICAZO) implicará que no sean admisibles más que dos llamamientos sucesivos en favor de personas que no viven al abrirse la sucesión del causante. La llamada al fiduciario no agota ninguno de estos dos llamamientos porque el art. 781, siguiendo esta exégesis, lo que permite son dos sustitutos, y el fiduciario es un instituido, no un sustituido.

Los llamamiento de sustitutos que superen los límites señalados en el Código civil son nulos, si bien como recuerda LACRUZ su nulidad no acarrea la de los llamamientos permitidos (véase sentencias de 6 de junio de 1905). Así, la sustitución fideicomisaria sucesiva que exceda de los límites legales, se entenderá válida en lo que no traspase éstos, y se tendrán por no puestos los que sobrepasen del segundo grado. Así lo entienden también DE LA CÁMARA Y DÍEZ-PICAZO Y GULLÓN, para quienes, si se traspasan los límites permitidos no por eso la disposición testamentaria es nula. Según el art. 786 C.C., «La nulidad de la sustitución fideicomisaria no perjudica la validez de la institución ni a los herederos del primer llamamiento; sólo se tendrá por no escrita la cláusula fideicomisaria.»; así, sólo son nulos los llamamientos que excedan de los permitidos (Sentencias de 8 de mayo de 1894 y 6 de junio de 1905). Sin embargo, como apunta LACRUZ, la de 29 de octubre de 1949 defiende la tesis contraria, apoyándose en una interpretación literal del art. 786, de forma que serían nulos todos los llamamientos, excepto el hecho en favor del heredero fiduciario.

3.4. Clases de sustitución fideicomisaria

La sustitución fideicomisaria puede estar ordenada bajo término o condición, y en este último caso, podrá ser resolutoria o suspensiva.

Sustitución fideicomisaria a término

A las sustituciones puras o a término se refiere el art. 784 C.C., al decir: «El fideicomisario adquirirá derecho a la sucesión desde la muerte del testador, aunque muera antes que el fiduciario. El derecho de aquél pasará a sus herederos.»

Para que se verifique la sustitución no es necesario que el fideicomisario viva aún al cumplirse el plazo, será suficiente con que haya sobrevivido al testador; pues desde la muerte de éste adquiere un derecho definitivo a la sucesión. Y ello es así porque el término únicamente suspende la ejecución o efectividad, pero no la adquisición (SSTS de 19 de octubre de 1962 y 3 de marzo de 1964).

Por lo tanto, desde el fallecimiento del causante goza el fideicomisario de un derecho en firme y puede transmitirlo a otras personas, ya que como explica la DGRN "si el testador quiso establecer que la muerte de la fiduciaria fuera sólo el evento del que dependa la efectividad del derecho por parte de los fideicomisarios, pero no la adquisición del mismo que tuvo lugar al fallecer el testador, se está ante una sustitución fideicomisaria a término regulada en el art. 784 Cc, y en la que los beneficiarios puede disponer de su derecho en firme y en consecuencia cederlo a otras personas.." (RDGRN de 4 de febrero de 1980).

Sustitución fideicomisaria condicional

Cuando la sustitución se ordena bajo condición suspensiva se aplicará el art. 759 Cc y entonces el llamado como fideicomisario no adquiere el derecho, y no lo transmite a sus herederos, sino desde el momento en que la condición se cumpla; hasta ese momento argumentan Díez-Picazo y Gullón poseen una expectativa protegida con las acciones pertinentes, pero no hay transmisión a sus herederos si mueren antes del cumplimiento de la condición. En consecuencia, para que se verifique la sustitución es necesario que el fideicomisario viva aún al cumplirse la condición, pues sólo en ese momento adquiere un derecho definitivo a la sucesión; luego, si muere antes de cumplirse la condición, aunque sobreviva al testador, no transmite derecho alguno a sus herederos.

Puede ordenarse igualmente la sustitución bajo condición resolutoria, condición que no les impide enajenar ni dividir los bienes fideicomitidos bajo la misma modalidad con que los tiene, esto es, sujetos a la misma posibilidad de resolución. Recuerda LACRUZ, que tanto el fiduciario como el fideicomisario son verdaderos propietarios, y la condición tiene como efecto resolver al cumplirse la titularidad de los bienes, pero no implica limitación alguna para disponer de ellos (véase sentencia de 22 de febrero de 1934).

Antes de finalizar el estudio de la sustitución fideicomisaria en este epígrafe concluiremos con una breve referencia a la sustitución *si sine liberis decesserit* en el Derecho común por compartir la naturaleza jurídica propia de una sustitución fideicomisaria condicional. Ha declarado a este respecto la jurisprudencia que las sustituciones sine *liberis decesserit* "pende de la condición de que la fiduciaria fallezca, y fallezca sin hijos; mientras no ocurra esta docle situación, con naturaleza de condición, es la titular de los bienes, y, como tal, puede disponer de los mismos" (STS de 12 de febrero de 2002). Es una condición de carácter negativo, condicionante de la actuación del fideicomiso, ya que si el fiduciario o anterior llamado a la herencia fallece sin dejar hijos, queda cumplida la condición y opera la sustitución fideicomisaria, en tanto que si fallece dejando hijos, la condición queda incumplida y el gravamen fideicomisario se desvanece.

La expresión de la cláusula «*si sine liberis decesserit*» implica una institución alternativa plenamente válida en el sentido de que el derecho hereditario de uno de los llamados se perfecciona si tiene hijos y el del segundo está sujeto a la premoriencia del primero sin descendientes. No tiene lugar el nombramiento de dos herederos consecutivos, sino eventuales, estableciéndose un orden alternativo sucesivo: o el uno o el otro, según se verifique o no la condición; por esto, tiene el carácter de condición resolutoria para uno y de suspensiva para el otro.

Si el primer llamado muere con descendencia, los hijos, en principio no se han de entender llamados por el causante a su herencia como sustitutos fideicomisarios, ello porque están puestos en la condición, no han sido llamados como sustitutos. Así, el fiduciario adquirirá la plena propiedad de los bienes de los cuales podrá disponer como quiera y en favor de quien quiera. En la expresión «hijos», como precisa Rivas Martínez, deben estimarse comprendidos, tanto la descendencia matrimonial, extramatrimonial y adoptivas como los nietos y demás descendientes.

En conclusión, si el primer llamado muere con hijos, el segundo llamado no tendrá delación a su favor, ni tampoco los hijos del primer instituido, salvo, voluntad en contrario del testador.

Si el segundo llamado premuere al fiduciario, fallezca éste con o sin hijos, quedará liberado el primer llamado del gravamen de la sustitución, por lo que si el llamado en segundo lugar premuriese al primer instituido, éste quedaría liberado de la carga de restituir, salvo que se hubiera establecido por el testador la figura de la sustitución vulgar en el fideicomiso.

3.5. La posición jurídica del fideicomisario y del fiduciario

Apartándose de los antecedentes romanos y del derecho castellano, proclama el art. 784 C.c. que el fideicomisario adquirirá el derecho a la sucesión desde la muerte del testador, aunque muera antes que el fiduciario. El derecho de aquél pasará a sus herederos. Y así, puede decirse que la sustitución implicará instituir al fideicomisario heredero a término incierto, dependiendo su adquisición del fallecimiento de otra persona, de un acontecimiento que inevitablemente llegará, si bien se desconoce cuándo. De ahí que LACRUZ argumente en este punto la aplicación a la sustitución fideicomisaria del art. 799 C.c.

Resume el citado autor las posibles hipótesis que pueden plantearse a este respecto, y señala:

a) si el fideicomisario fallece antes del primer causante, debe entenderse aplicable el art. 758.1° Cc y, por tanto, no llega a nacer el derecho a la sucesión.

b) Si el fideicomisario comienza a existir tras la apertura de la sucesión, fallecido el primer causante consolida su derecho.

c) Si no existe al fallecer el fiduciario, será aplicable el citado art. 758 Cc y en consecuencia, no nacerá el derecho a la sucesión.

Ciertamente, el problema se plantea cuando el heredero fiduciario no llega a heredar por renuncia, premoriencia, incapacidad, etc., y el testador no ha previsto en su testamento un sustituto vulgar a éste. Entonces, ¿cabe que sea heredero directamente el fideicomisario o pasarán a la posición del fiduciario sus herederos intestados?

Ahora bien, mientras vive el fiduciario, durante la pendencia de su derecho, el fideicomisario es titular de un derecho aplazado, no eventual, inscribible en el Registro. A este respecto se debate por la doctrina si puede el fideicomisario durante este periodo aceptar la herencia, el profesor LACRUZ se inclina por la solución positiva, al considerar que el fideicomisario está cierto de la muerte de la persona a quien heredera y de su derecho a suceder. Abundando en lo expresado, argumenta ALBALADEJO favorablemente a aceptación por el fideicomisario, que no sólo el *ius delationis*, sino también la expectativa de futuro ius delationis son renunciables en todo momento.

Sobre el fiduciario recae la obligación de conservar, lo que no puede interpretarse como una prestación que le puede ser exigida por el fideicomisario en el caso de incumplimiento, bien al contrario, consiste en una obligación que limita la capacidad de disposición sobre los bienes fideicomitidos.

En conclusión, el fiduciario debe restituir y entregar la herencia al fideicomisario, sin otras deducciones que las que correspondan por gastos legítimos, créditos y mejoras; por ello, los frutos y productos son de su exclusiva propiedad en cuanto que es heredero y propietario. Y si bien es cierto que puede mejorar los bienes, parece justo establecer una delimitación cuando dichas mejoras constituyen un simple ornato o recreo.

3.6. Responsabilidad por las deudas hereditarias

No es una cuestión pacífica la determinación de la respectiva responsabilidad de fiduciario y fideicomisario. A efectos sistemáticos y ante la dificultad de hallar una respuesta unitaria, pueden distinguirse:

Responsabilidad del fiduciario

Defiende ROCA SASTRE que la responsabilidad del fiduciario es *siempre limitada por* su condición de *heredero temporal* y que la confusión de su patrimonio con el caudal hereditario no es definitiva, ya que desaparece al llegar el momento de la restitución. El fiduciario no es heredero libre, dice este autor, y sería injusto que tuviese que pagar deudas hereditarias no siendo los bienes completamente suyos. Así se expresa también LLEDÓ YAGÜE, cuando considera ilógico que el fiduciario deba pagar deudas hereditarias no siendo los bienes plenamente suyos, aunque desde su aceptación se produzca una confusión, porque dicha confusión es interina, y al llegar el momento de la restitución desaparece.

Coincidimos con DÍEZ-PICAZO Y GULLÓN cuando establecen que lo más acertado será distinguir dos perspectivas en esta situación: por una parte, las relaciones entre el fiduciario y los acreedores hereditarios; y, por otra, las relaciones entre fiduciario y fideicomisario. Así, a los acreedores de la herencia en modo alguno la situación de los herederos dispuestos por el causante y deudor, les altera sus derechos. En consecuencia, podrán dirigirse para el cobro de sus créditos, bien contra los bienes de la herencia o contra los bienes propios del fiduciario. Respecto a las relaciones entre fiduciario y fideicomisario, el fiduciario que haya pagado de su propio patrimonio las deudas tendrá derecho a la detracción correspondiente «a créditos» o «gastos legítimos», o, en su caso, a exigir del fideicomisario el pago del importe.

Ahora bien, en cualquier caso, el fiduciario para evitar estos efectos perjudiciales, podrá aceptar la herencia a beneficio de inventario, y entonces únicamente los bienes fideicomitidos responderán de las deudas y cargas hereditarias.

Responsabilidad del fideicomisario

Si se considera al fideicomisario también como heredero, expresa LACRUZ BERDEJO que, por aplicación de las normas generales de la aceptación de herencia, responderá limitada o ilimitadamente, según acepte o no a beneficio de inventario. Pero si entendemos que dicha responsabilidad no es simultánea con el fiduciario, sino sucesiva, al abrirse el llamamiento a su favor, se distingue:

a) Si el fiduciario aceptó con beneficio de inventario y lo conservó, conforme a los arts. 1.021 y 1.022 C.C. el fiduciario responderá sólo *cum viribus* (esto es, responde exclusivamente con los bienes de la herencia, y tal responsabilidad no se extiende a sus bienes propios.

b) Si el fiduciario no solicitó o perdió el beneficio de inventario, no impedirá que pueda pedirlo el fideicomisario, y otorgado, responda limitadamente *cum viribus.*

c) Si el fideicomisario recibe la herencia ya liquidada, aunque no solicite el beneficio de inventario, su responsabilidad se restringe al caudal que recibe, sin extenderse a sus propios bienes.

d) Si el fideicomisario recibe la herencia no liquidada y no solicita el beneficio de inventario, responderá por aplicación de las reglas generales, ilimitadamente, *ultra vires hereditatis,* según el art. 1.003 C.c.

3.7. Extinción de la sustitución fideicomisaria

Entre otras causas de extinción de la sustitución fideicomisaria que pueden citarse, destacan:

1º. Las causas que invalidan el testamento (art. 673).

2.º La superación del límite de llamamientos permitidos legalmente, que invalidan el gravamen fideicomisario, pero únicamente en lo que excede de tales límites.

3º. La incapacidad o la renuncia de todos los fideicomisarios a sus derechos en la sustitución fideicomisaria.

4º. La premoriencia de todos los fideicomisarios al testador, o el fallecimiento anterior al cumplimiento de la condición suspensiva de los fideicomisarios en los fideicomisos condicionales.

5º. El cumplimiento de la condición resolutoria o el incumplimiento de la condición suspensiva impuesta al instituido.

4. EL FIDEICOMISO DE RESIDUO

4.1. Concepto

Desde el Derecho Romano, como recuerda Lacruz, se conoce el fideicomiso por el cual no es objeto de restitución toda la herencia ni parte alícuota de ella, sino únicamente lo que quede o reste de la herencia a la muerte del fiduciario.

Siguiendo a Albaladejo, el fideicomiso de residuo es aquella sustitución fideicomisaria en que a tenor del art. 783-2 C.c. el testador dispensa, en todo o en parte, al fiduciario del deber de conservar la herencia.

Al ser relevado de tal deber, el fiduciario conserva la posibilidad de disponer, en el ámbito de los límites en que se le dispensó, de los bienes hereditarios (RDGRN de 25 de abril de 1983). Por tanto, el fideicomisario, cuando le corresponda, sólo recibirá los bienes que resten o queden (es decir, el residuo de la herencia) porque el fiduciario no dispuso de ellos, bien porque no los comprendía la facultad de disponer que le concedió el testador, bien porque, a pesar de comprenderlos, no usó de ella.

Ha declarado igualmente el TS que no cabe identificar el usufructo con el fideicomiso de residuo, porque en el usufructo con facultad de disposición el titular tiene un *ius in re aliena*, mientras que al fiduciario le corresponde el pleno dominio sobre los bienes, limitado por la prohibición de disponer mortis causa, y además porque cuando el testador separa la nuda propiedad y el usufructo no hace un doble llamamiento, directo o indirecto, respecto del mismo bien, sino que distribuye entre distintas personas de modo inmediato las facultades integrantes del dominio, de suerte que en el llamamiento concurren las dos liberalidades que operan independientemente sin orden ni relación sucesiva (STS de 9 de octubre de 1986).

4.2. Caracteres del fideicomiso de residuo

La nota esencial consiste en el llamamiento plural y cronológicamente sucesivo al fiduciario y fideicomisarios, que no puede ser dispensada por el testador si no quiere prescindir de la sustitución fideicomisaria propiamente dicha. Y la natural u obligación de conservar los bienes o indisponibilidad impuesta al fiduciario, que puede ser dispensada por el testador al fiduciario (art. 783), apareciendo entonces el fideicomiso de residuo.

Cuando el testador hace dos o más llamamientos, estableciendo un orden de suceder entre los llamados, pero faculta al fiduciario para disponer en todo o en parte de los bienes fideicomitidos, existe una sustitución fideicomisaria de residuo (RIVAS MARTÍNEZ).

La dispensa del deber de conservar puede revestir diferentes modalidades, pero entre las más frecuentes en la práctica, cita LACRUZ, ordenadas de menor a mayor grado de libertad, las siguientes:

1ª. Autorización para disponer *sólo en caso de necesidad por el fiduciario*, siempre que ésta sea probada. La apreciación de la necesidad puede dejarse al albacea, a un tercero o al propio fiduciario (pero en este último supuesto siempre que actúe de buena fe).

2ª. Autorización para disponer *inter vivos* por título *oneroso*.

3ª. Autorización para disponer *inter vivos*, incluso por *donación* (véase sentencia 10 de marzo de 1978).

4ª. Autorización para disponer por actos *inter vivos* y *mortis causa*. Esta última ha de ser claramente concedida (sentencia de 23 de abril de 1951), no se considera implícita en la mera autorización para disponer.

4.3. Naturaleza jurídica del fideicomiso de residuo

¿Es el fideicomiso de residuo una sustitución fideicomisaria?

Afirma el profesor ALBALADEJO que la sustitución de residuo es una sustitución fideicomisaria, porque el deber de conservar la herencia no constituye un elemento esencial de la sustitución, si bien mientras no conste una voluntad contraria que dispense de conservar, debe entenderse que la sustitución encierra el deber de hacerlo.

En la sustitución será esencial el orden sucesivo o doble llamamiento; esto es, que la herencia se defiera en primer término al fiduciario, y posteriormente, al fideicomisario. Si además, como se afirma por la doctrina (ALBALADEJO y LACRUZ) el art. 781 C.c. no define la sustitución fideicomisaria, sino que simplemente establece la prohibición de que «pasen del segundo grado» las sustituciones fideicomisarias en las que se establezca el deber de conservar, pero no a las que como las de residuo no existe esta obligación.

No obstante, a pesar de la unanimidad doctrinal, el Tribunal Supremo se muestra reacio a admitir el fideicomiso de residuo como verdadera sustitución. Según la Sentencia de 13 de febrero de 1943 (seguida entre otras por sentencias de 28 de junio de 1947 y 23 de abril de 1975), las disposiciones testamentarias de residuo no encajan del todo en el marco de las genuinas sustituciones fideicomisarias, aunque tengan algunos elementos comunes con ella y puedan serles aplicables en determinados extremos los preceptos que rigen en orden a esta clásica figura jurídica.

Ahora bien, cuando el testador sólo autorizó a disponer inter vivos a título oneroso en caso de necesidad o en defecto de bienes propios, o cuando aun con libre disponibilidad los bienes no son consumibles, el límite del segundo grado resultará aplicable. Obsérvese que en estos supuestos falta la verdadera libertad de disposición que justificaría la supresión del límite del segundo grado.

El carácter de sustitución condicional del fideicomiso de residuo

Expresa parte de la doctrina española que el fideicomisario de residuo nada adquiere hasta que muere el fiduciario, y por tanto, hasta este momento no es seguro que queden bienes de la herencia fideicomitida. El derecho del fideicomisario tiene entonces naturaleza condicional, por lo que siguiendo las reglas de las instituciones bajo condición suspensiva (art. 759), no se adquiere derecho sino cuando la condición se cumple, cosa que ocurrirá cuando el fiduciario fallezca. Por lo tanto, el fideicomisario de residuo que premuera al fiduciario, al morir antes del cumplimiento de la condición, no transmite a sus herederos derecho alguno sobre el fideicomiso, puesto que nada tenía adquirido todavía.

¿La sustitución fideicomisaria de residuo implica una sustitución vulgar del fiduciario?

Ha negado el Tribunal Supremo en diferentes sentencias al fideicomisario de residuo la condición de sustituto vulgar del instituido (así, en las sentencias de 13 de febrero de 1943, 28 de junio de 1947, 13 de noviembre de 1948, 5 de octubre de 1970 y 23 de abril de 1975), si bien inicialmente se había inclinado por considerar lo contrario, admitiendo la consideración de sustituto vulgar del fideicomisario de residuo (STS de 13 de mayo de 1909).

Ello no obstante, la doctrina española considera que si es natural que la sustitución fideicomisaria incluya a la vulgar, será igualmente natural que el fideicomisario de residuo, sea sustituto vulgar del heredero fiduciario (por todos, PUIG BRUTAU). En definitiva si el testador tuvo en consideración a dos personas, a saber: el heredero fiduciario facultado para disponer y el sustituto fideicomisario con derecho incondicional al residuo que pueda quedar, es lógico creer que, a falta del primero, el testador hubiese querido como heredero directo al segundo, en lugar de una tercera persona en la que no pensó al otorgar testamento (STS de 27 de octubre de 2004).

4.4. Clases de fideicomiso de residuo

En cuanto al alcance de las facultades del fiduciario se distinguen dos tipos de fideicomiso de residuo, así, conforme al Tribunal Supremo «en cuanto a la naturaleza de las cláusulas testamentarias de residuo, depende sobre todo de la intención del testador, pudiendo adoptar dos modalidades:

Primera. En el supuesto de que el testador (fideicomitente) faculte al fiduciario para disponer de los bienes objeto de la institución sin trabas de ningún género, en cuyo caso los herederos fideicomisarios sólo recibirán en su día lo que quede o reste *(si aliquid supererit),* si queda algo; y

Segunda. En la hipótesis de que el causante restrinja los poderes de disposición de tal forma que siempre los fideicomisarios deben recibir un mínimo del caudal hereditario, que necesariamente ha de recaer en ellos por expresa voluntad de aquél *(de eo quod supererit),* de aquello que debe quedar, habiéndose establecido por la jurisprudencia que los fideicomisarios no adquieren en principio derecho alguno, hasta que desaparecido el fiduciario por su muerte, pueda saber si hay o no residuo, sentencia de 21 de noviembre de 1956, 7 de enero de 1959 y 29 de enero de 1962" (STS de de 25 de mayo de 1971).

De lo anterior deduce Rivas Martínez que no se trata de dos fideicomisos de residuo con diferente naturaleza jurídica, y a los que, en consecuencia, puedan serles aplicables preceptos diferentes; por lo que razona el autor que la diferencia no estaría entre fideicomiso de *eo quod supererit* y fideicomiso de *si aliquid supererit,* sino entre el fideicomiso en lo que corresponde a la parte que se puede o no disponer. En aquel ámbito se trataría de fideicomiso de residuo, en éste último sería fideicomiso con deber de conservar. Luego el fideicomiso de *si aliquid supererit* sería realmente por entero un fideicomiso de residuo, y el de *eo quod supererit* sería una sustitución fideicomisaria normal, en la parte indisponible, y un fideicomiso de *si aliquid* en la parte disponible.

4.5. Posición jurídica del fiduciario de residuo. Extensión de la facultad de disponer

El alcance de las facultades concedidas al fiduciario en cuanto a la disponibilidad de los bienes fideicomitidos es muy diverso, dependiendo de lo establecido por el testador; y así, el fiduciario de residuo, como el fiduciario, es un heredero investido de una titularidad peculiar, determinada por la existencia de un segundo llamamiento. Es por ello que como ha indicado la jurisprudencia el fideicomiso de residuo se presenta como una modalidad de la sustitución fideicomisaria, cuya peculiaridad radica en una notable ampliación de las facultades dispositivas del fiduciario (RDGRN de 27 de octubre de 2004).

Así, la facultad de disponer constituye un elemento natural en el fideicomiso de residuo. Sin esta facultad no se comprende la idea de resto ni la del llamamiento al residuo. Claro que la voluntad del testador es la ley de la sucesión y dejando a salvo las normas de derecho imperativo, podrá ordenar la herencia fideicomitida en la forma que tuviere por conveniente, esto es, en cualquier caso habrá que estar a lo expresado por el testador, que puede restringir o modelar las facultades dispositivas del fiduciario. Por lo tanto, advierte RIVAS MARTÍNEZ que si es libre para disponer o no un fideicomiso de residuo también lo será para imponer en él las limitaciones que tuviere por conveniente en relación a las facultades dispositivas del fiduciario. La extensión de las facultades dispositivas del fiduciario será distinta según que se estuviere facultado para negocios a título oneroso, o en su caso, además para negocios a título gratuito.

La concesión más frecuente es para disponer inter vivos en caso de necesidad del fiduciario, quedando la valoración a juicio del albacea o del propio fiduciario. En efecto, puede ocurrir que para poder realizar el fiduciario estos actos de disposición a título oneroso necesite el asentimiento de tercero. Es evidente que el testador –fideicomitente– podrá sujetar las facultades dispositivas del fiduciario al consentimiento o autorización de determinadas personas, que actuarán controlando el ejercicio de las mismas. Este tercero puede ser considerado como un albacea y su declaración como un «negocio de asentimiento». No hay ninguna norma sobre este punto en el Derecho civil común, pero sí en el Código de Sucesiones de Cataluña, cuyo art. 245.1º inciso segundo, dice: «Excepto voluntad contraria del testador, si faculta al fiduciario para disponer, con autorización de la persona o de las personas designadas al efecto, quedará libre de esta limitación si dichas personas hubieran fallecido, renunciado o quedado incapacitadas, salvo que resulte otra la voluntad del causante. A tales personas les serán aplicables los preceptos relativos a los *albaceas particulares* en la medida en que lo permitan la naturaleza y la duración indefinida de la misión que se les ha encomendado.»

Tratándose de negocios de disposición a título gratuito por actos «inter vivos», ha declarado que "en el poder de disposición del fiduciario no se comprenden los actos dispositivos a título gratuito, a no ser que se haya previsto expresamente pr el fideicomitente (así esta conforme toda la doctrina y reconce la sentencia de 22 de julio de 1994 recogiendo jurisprudencia anterior" (STS de 12 de febrero de 2002).

Así, si bien parte de la doctrina considera que para disfrutar de esta facultad inter vivos el fiduciario de residuo no necesita que el testador nominalmente se la conceda y basta con que expresamente no se la haya retirado, no comparte esta opinión UBEDA SÁNCHEZ, por entender que ello resulta, en principio, incongruente con la voluntad del testador de que los bienes pasen a un segundo llamado.

Tratándose de actos de disposición a título mortis causa, parece que si el testador faculta al fiduciario para disponer mortis causa de los bienes, el fideicomiso de residuo desaparece para hacer tránsito a otra figura jurídica que se puede calificar, como se ha indicado, de «*disposición testamentaria supletoria, caso de fallecer el heredero sin testar*» (véase sentencia de 2 de diciembre de 1986).

La ausencia de normas en el Código Civil sobre esta figura jurídica permite debatir a la doctrina acerca de si la misma es posible en el régimen del Código. Admite RIVAS MARTÍNEZ esta posibilidad, mediante la aplicación de los principios generales o institucionales que en materia de sucesiones informan e inspiran el ordenamiento jurídico español (art. 1.º 4 del C. c.), a saber: el principio de la *libertad de testar* y el principio de *favor testamenti*.

Ha establecido con claridad la distinción entre el fideicomiso de «*si aliquid supererit*» y la sustitución preventiva la Sentencia de 2 de septiembre de 1987 al disponer que cuando el testador, después de instituir heredero a su hijo, dispone unas sustituciones vulgares y le grava con una sustitución fideicomisaria condicional, para después de su muerte, facultándole no obstante para disponer libremente de los bienes hereditarios por actos *inter vivos*, con la obligación de hacer tránsito fideicomisario de los que no hubiere dispuesto, estamos ante la figura del fideicomiso de residuo, definido y regulado en el art. 210.1 de la Compilación de Derecho Civil de Cataluña (hoy art. 243-1 Código de Sucesiones de Cataluña) y no ante una sustitución preventiva de residuo, regulada en el art. 210.2 de la citada Compilación (hoy arts. 243-3, 250 y 251 Código de Sucesiones de Cataluña), pues para esto último hubiera sido precisa la autorización expresa del testador para disponer por actos mortis causa.

4.6. Usufructo con facultad de disponer

Afirma DÍEZ-PICAZO que es frecuente que el testador asigne en su herencia un usufructo con la facultad de disponer en favor del usufructuario para determinados casos, y la nuda propiedad en favor de otra persona. Las diversas modalidades de esta facultad de disposición se asemejan a las previstas para el fideicomiso de residuo, y comprenden desde la disposición en caso de necesidad apreciada por determinadas personas, o bien demostrada por el hecho de haber gastado previamente el usufructuario todos sus recursos; hasta el de supuesta necesidad cuya apreciación se encomienda a la voluntad del propio usufructuario, y por último, la enajenación dejada a libre voluntad del usufructuario y sin alegación de necesidad alguna, e incluso excepcionalmente la disposición por título gratuito.

Siguiendo la resolución del DGRN de 8 de febrero de 1958, el usufructuario con facultad de disponer posee un *ius in re aliena*, o sea, un gravamen que pesa sobre la propiedad de los bienes usufructuados; en tanto que el derecho del fiduciario de residuo es un dominio, aunque sujeto a la restitución de los bienes fideicomitidos. En consecuencia, el fiduciario de residuo será heredero, mientras que el instituido en usufructo, aunque sea universal, será reputado legatario (véase art. 768 C.c.).

En este mismo sentido, más recientemente se expresa la Resolución de la D.G.R.N. de 2 de diciembre de 1986 cuando expresamente dice que: «...siempre resultará que en el usufructo el titular tiene un *ius in re aliena,* con su régimen peculiar, mientras que al fiduciario corresponde el pleno dominio sobre los bienes, con la obligación de conservarlos y con sujeción a un régimen distinto del de usufructuario y además porque el testador, cuando desmembra el derecho en usufructo y nuda propiedad, no hace un doble llamamiento sucesivo respecto de la misma cosa, sino que distribuye entre distintas personas, de modo inmediato, las facultades integrantes del derecho...».

5. LA SUSTITUCIÓN PUPILAR Y EJEMPLAR

Antes de entrar en el examen de la sustitución pupilar y de la ejemplar es necesario precisar que, si bien serán objeto de análisis separado, en muchos aspectos se procederá a un estudio conjunto, de suerte que en numerosas ocasiones lo que se afirme será aplicable *mutatis mutandi,* tanto a un tipo como a otro de sustitución.

Como muestra de lo anteriormente expresado, ha afirmado la jurisprudencia "la sustitución pupilar y ejemplar tienen un mismo fin, que es suplir la falta de capacidad natural de las personas por quienes se testa" (STS de 2 de diciembre 1915).

5.1. Antecedentes históricos

La sustitución pupilar en Derecho romano se definía como la que el *pater* podía imponer a un *impuber suus* para el supuesto de que falleciere antes de alcanzar la pubertad. De esta manera se evitaba que muriera intestado, ya que el impúber no podía hacer testamento. La facultad de sustituir se otorgaba sólo a las personas que ejercían la *«patria potestas».*

En un primer momento el sustituto pupilar, en caso de producirse efectivamente la sustitución, era considerado como heredero del testador, y posteriormente para en la época clásica era considerado heredero del impúber, entendiendo que el *pater* testaba por él. Por consiguiente, la institución alcanzaba no sólo a los bienes que el *pater* dejaba al sustituido, sino también a todos los del impúber, sin distinguir su procedencia, incluso los adquiridos por el *filius* después de la muerte del *pater.* La sustitución pupilar se extinguía cuando el impúber alcanzaba la pubertad.

En cuanto a la sustitución ejemplar como precedente se señala que, según testimonio de PAULO (Digesto, 28, 60, 43, pr.), podía el padre solicitar al Emperador que, como *beneficium Principis,* concediera nombrar sustituto al hijo loco, y dejaba de ser válido el testamento cuando hubiera sanado, porque ya podía ordenar testamento para sí; por ello, la sustitución se hace para el supuesto de fallecer el sustituido sin recuperar la salud. La sustitución ejemplar constituyó, como se ha indicado, en los inicios del Derecho Romano, una figura jurídica de índole privilegiada por presuponer concesión arbitraria del Príncipe, hasta que el Derecho justinianeo la configuró como figura de naturaleza jurídica institucional.

Hasta el Proyecto de 1851, era clara la doctrina sentada en los textos romanos y Las Partidas, por la cual se estaba ante un testamento que se otorgaba por el menor (o por el incapaz mental), en el que se disponía de todos sus bienes, no sólo de los que le dejaba el sustituyente en su propio testamento. Este sustituyente (testador), es el que nombraba heredero del menor o incapaz.

El Proyecto de 1851 no regulaba la sustitución pupilar; y, tan sólo como excepción se refería a la nulidad de la sustitución fideicomisaria establecida en el art. 637, cuando se preveía en el art. 638.2° que «Puede también el testador dar sustituto en los bienes de libre disposición al heredero impúbero para el caso en que éste muera antes de llegar a la pubertad». Con estas palabras parece, a primera vista, que el Proyecto de 1851 cambia totalmente el sentido de la sustitución pupilar.

En realidad, en el Proyecto de 1851, donde se prohibían con carácter general las sustituciones fideicomisarias, la admisión de la pupilar era una de las excepciones a aquella regla. El testador haría un llamamiento sucesivo a su herencia, condicionando la adquisición del sustituto a que el sustituido muriese antes de llegar a la pubertad.

5.2. La sustitución pupilar en el Código civil

Siguiendo lo dispuesto en el art. 775 C.c., se puede considerar la *sustitución pupilar* como aquella en que los padres y demás ascendientes pueden ordenar nombrando sustituto a sus descendientes menores de catorce años, para el caso de que mueran antes de dicha edad, y consiguientemente, en un momento en que todavía no puede testar. De este modo, otorgando el padre un testamento en lugar del hijo, es evita la apertura de la sucesión intestada, a lo que se llegaría si muriera este último en un estado respecto del cual no se le reconoce jurídicaemnte capacidad para testar.

El Código Civil siguió en este punto la regulación y sistemática del Proyecto de 1882-1888, separándose claramente del Proyecto de 1851, pues éste no recogía el sentido y capital pensamiento de ambas instituciones civiles en el derecho histórico patrio, y se cobija en los precedentes anteriores romanos y de las Partidas, afirmación que consideramos fundamental para poder comprender exactamente el juego y alcance actual de ambas sustituciones.

En efecto, previene nuestro Código Civil en el art. 775 que: «Los padres y demás ascendientes podrán nombrar sustitutos a sus descendientes menores de catorce años, de ambos sexos, para el caso de que mueran antes de dicha edad»; y además, «El ascendiente podrá nombrar sustituto al descendiente mayor de catorce años, que, conforme a derecho, haya sido declarado incapaz por enajenación mental.» (art. 776.1° C.c.).

Con esta literalidad parece que el Código Civil ha venido a recoger las sustituciones pupilar y ejemplar tradicionales y no a crear un tipo nuevo de las mismas.

Lo hasta ahora expuesto remite al problema del carácter personalísimo del testamento, cuya puede formación no puede dejarse, en todo o en parte, al arbitrio de un tercero, ni hacerse por medio de comisario o mandatario. Esto ha de entenderse en el sentido de que el testamento debe recoger sólo la voluntad del testador y no contener nada más que la suya. Se prohíbe la intervención de terceros distintos del testador, que puedan integrar el negocio testamentario. No cabe por tanto la representación ni la delegación en el otorgamiento del testamento. No procede el testamento por comisario o mandatario, o sea el comisario confeccionador del testamento, aunque se admite el testamento con comisario ejecutor del mismo (art. 1057 C.C.) (véase la STS de 10 de abril de 1992). Ahora bien, aprecia la doctrina un auténtico supuesto de excepción al carácter personalísimo del testamento, justificado por la finalidad protectora del patrimonio que tenía la tutela en Derecho Romano, en la sustitución pupilar y la ejemplar.

Ambas sustituciones configuran en realidad un testamento, bien del impúber o bien del incapaz realizado por el ascendiente, y representan una clara excepción al principio inspirador del art. 670 C.C., por constituir una autorización legal al ascendiente para designar en el testamento un heredero del descendiente menor de catorce años o incapacitado judicialmente por enfermedad mental. Y así, no cabe duda respecto a que quien testa es el sustituyente, ya que el sustituido por hipótesis no puede hacerlo por carecer de capacidad, evitando con esto que el incapaz muera intestado (Rivas Martínez).

En principio puede decirse que la importancia actual de ambas sustituciones es más bien limitada y que algunos Códigos modernos ni siquiera se regulan. Parte de la doctrina considera que las sustituciones pupilar y ejemplar son instituciones arcaicas que no debieran conservarse. No comparte esta consideración Rivas Martínez, que asegura que debe realizarse una distinción entre ambas instituciones, y así, mientras la sustitución pupilar es una figura sin uso en la práctica testamentaria española, la sustitución ejemplar tiene una aplicación más relevante y puede cubrir, y de hecho cubre, unas sentidas necesidades familiares.

Los elementos subjetivos en la sustitución pupilar

El art. 775 se refiere expresamente a: «Los padres y demás ascendientes...» sin hacer distinciones, por lo que podrán nombrar sustituto todos aquellos que siendo ascendientes del pupilo tengan capacidad para testar; del tenor literal del precepto se colige que esta facultad no depende de la titularidad de la patria potestad, así lo interpretan también Díez-Picazo y Gullón, cuando aseguran que resulta evidente que el ejercicio de la facultad de sustituir se disocia en nuestro Código Civil totalmente del ejercicio de la patria potestad.

También podrán ser sustituyentes los padres adoptantes y los ascendientes de éstos, respecto del adoptado, no los ascendientes de la familia anterior de éste, porque la adopción (según el art. 178 C.C., después de la modificación de la adopción por la Ley 21/1987, de 11 de noviembre y Ley Orgánica 1/1996 de Protección jurídica del menor, que no modificó el citado art. 178) produce la extinción de los vínculos jurídicos entre el adoptado y su familia anterior, salvo, cuando el adoptado es hijo del cónyuge del adoptante, aunque el consorte hubiera fallecido, y cuando sólo uno de los progenitores ha sido legalmente determinado y el adoptante es persona de distinto sexo al de dicho progenitor, siempre que tal efecto hubiere sido solicitado por el adoptante, el adoptado mayor de doce años y el padre o madre cuyo vínculo haya de persistir (art. 178.2° C.c.).

Respecto a quiénes pueden ser sustituidos, el Código Civil en el art. 775 expresamente señala a los «...descendientes menores de catorce años de ambos sexos...»; por tanto al no distinguir, pueden ser sustituidos los descendientes, cualquiera que sea su filiación, menores de catorce años. Esto es, tanto descendencia matrimonial, extramatrimonial como adoptiva. No se precisa en la sustitución pupilar que el pupilo haya nacido, sólo existir al fallecer el sustituto, por lo que es suficiente con que esté concebido (art. 29 C.c.). No obstante, precisa LACRUZ, que si fuera indigno frente al sustituyente, parece que la procedencia remota de los bienes de éste, habría de impedir su adquisición.

Delimitación del ámbito objetivo de la sustitución pupilar y ejemplar

Debate la doctrina sobre si el llamamiento del tercero o sustituto comprende únicamente la porción en la que el sustituyente instituye al descendiente sustituido (tesis restrictiva) o bien podrá alcanzar a todo el patrimonio del sustituido (tesis amplia), sobre el cual dispondrá el ascendiente que testa por él.

Una primera interpretación, defiende que las sustituciones pupilar y ejemplar son sólo un la designación de un sustituto mediante un llamamiento sucesivo a la herencia del sustituyente, en el que queda condicionada la adquisición del sustituto a que el sustituido (impúber o incapaz) fallezca antes de llegar a cumplir los catorce años, o fallezca después de los catorce años en estado de enajenación mental. Conforme a este argumento, tales sustituciones incluirían, naturalmente, sólo los bienes que el sustituido –impúber o incapaz– hubiese recibido del ascendiente sustituyente.

Se distinguen, por tanto, dos masas de bienes al fallecimiento del sustituido, a saber: la que dejó al menor o al incapaz el sustituyente, en la que heredará el sustituto; y la constituida por los otros bienes, que deja a su muerte el impúber o el incapaz que no haya recibido del ascendiente sustituyente, en la que suceden los herederos intestados del impúber o del incapaz.

Por lo tanto, siguiendo esta tesis doctrinal tanto la sustitución pupilar como la ejemplar, comprenderán únicamente los bienes que dejó al impúber o incapaz el ascendiente que le designó sustituto.

Ello no obstante, conforme a una tesis amplia, las sustituciones pupilar y ejemplar configuran un testamento en el que el ascendiente designas heredero en nombre del impúber o del incapaz, para el caso de que fallezcan antes de la edad o en estado de incapacitación. De esta forma, queda resuelto el debate a propósito de si el heredero designado por el ascendiente sucede en todos los bienes relictos del descendiente o incapaz o sólo en aquellos que heredó del ascendiente que otorga por él testamento. Y así, los defensores de esta tesis afirman que el sustituto sucede no sólo en los bienes que el impúber o el declarado judicialmente incapaz recibiera del sustituyente, sino en todos los bienes relictos, sean de la procedencia que fueren.

Por su parte De La Cámara, aceptando igualmente la tesis amplia, sostiene que la sustitución pupilar y ejemplar sólo alcanzan sentido en tanto se identifican a un testamento que el ascendiente ordena por el descendiente; y así, la restricción del art. 777 Cc sólo es claramente comprensible en tanto las sustituciones pupilar y ejemplar se extiendan a todos los bienes que el sustituido deje al morir y ello porque los herederos forzosos del sustituido pueden no serlo del testador, y, sobre todo, porque en la legítima de los herederos forzosos del sustituido se computan no solamente los bienes que el testador le haya dejado, sino todos los que constituyen el patrimonio del sustituido a su fallecimiento, bienes que, naturalmente, pueden tener otra procedencia. En consecuencia, si se defiende la tesis restrictiva el art. 777 carecerá de sentido.

Posteriormente, en su sentencia de 20 de marzo de 1967 el Tribunal Supremo restringe la eficacia de la disposición del sustituyente a los bienes que deje al sustituido menor o incapaz, y en modo alguno a cualesquiera otros que posea el mismo, ello porque proclama el principio fundamental de que el testamento es un acto personalísimo, y "contra esta norma general y absoluta del Derecho civil común únicamente se pueden admitir las derogaciones que de manera expresa y terminante se establecen en el propio Código"; por lo que, «fuera de estos casos, en las regiones sometidas al derecho civil común no puede formarse testamento por otra persona».

Ha criticado la argumentación que ofrece la referida sentencia Rivas Martínez, al señalar que resultan escasamente convincentes las argumentaciones que presenta, objetando, por otra parte, que está pobremente esquematizada la interpretación histórica que ofrece y, en cuanto a la interpretación sistemática, el apoyo en los arts. 660 –carácter personalísimo del testamento–, y 670 Cc –prohibición de la delegación de testar–, sin admitir más excepciones que las expresadas en los artículos 671 y 831, contiene una evidente petición de principio respecto de los arts. 775 y 776, ya que, tales sustituciones en Derecho Romano y en Las Partidas, coexistieron con igual principio de ser el testamento personalista e indelegable. Recuerda el autor que la solución adoptada por la sentencia del Tribunal Supremo de 20 de marzo de 1967, no ha sido ni reiterada ni consolidada de forma clara por la jurisprudencia posterior del citado Tribunal, pero sí por la DGRN en su Resolución de 6 de febrero de 2003.

5.3. La problemática práctica en la sustitución pupilar

Nombramiento de sustituto por varios ascendientes

En primer lugar, pudiera plantearse el supuesto en que sean varios los ascendientes que hayan nombrado diferentes sustitutos al impúber. La solución del problema se encuentra vinculada a la línea doctrinal que se hubiere seguido en el apartado anterior, al analizar los bienes que comprende esta sustitución.

Así, para la doctrina que sigue la tesis *amplia*, el problema resulta de difícil solución, ello porque cada sustituto tiene derecho a la totalidad de los bienes del impúber, de suerte que cada uno de ellos excluye a los demás. Dificultad que ha sido resuelta por algunos autores considerando que tendrá preferencia el llamamiento hecho por el ascendiente llamado por ley para ejercer la patria potestad, en tanto que para otros, tendrá preferencia el nombramiento hecho en el último testamento, pues éste revocará a los anteriores.

Finalmente, para la tesis estricta, el problema no existirá, y se resuelve por sí solo, ello porque cada uno de los sustitutos heredará la parte respectiva del ascendiente que le designó.

¿La sustitución pupilar implica la vulgar?

Debate la doctrina si el sustituto nombrado para el caso de que el menor muera antes de los catorce años debe considerarse o no también sustituto vulgar para el supuesto de que el menor, aun después de los catorce años, no llegue a ser heredero.

Coincidimos con RIVAS MARTÍNEZ cuando asegura que nos enfrentamos a un problema de interpretación de la voluntad manifestada en testamento, y la respuesta dependerá en cada caso concreto de los concretos términos en que la sustitución haya sido dispuesta. Claro que si no apareciere con toda claridad esta posibilidad debe entenderse que por el mero hecho de cumplir el impúber los catorce años la sustitución queda extinguida pues la condición es que el sustituido muera antes de esa edad, por lo que al cumplir los 14 años se extingue la sustitución (véase art. 775 al final), y ello porque desde entonces la condición resulta incumplida.

Efectos

Supuesto que la sustitución pupilar es una institución condicional resulta imprescindible que el sustituto sobreviva al descendiente sustituido. El cumplimiento de la condición se producirá cuando el instituido muera antes de los catorce años, y será entonces cuando suceda el sustituto, Adquiriendo la herencia en las mismas condiciones que el descendiente sustituido, respetándose en todo caso, los derechos legitimarios de los herederos forzosos del sustituido. Para el profesor LACRUZ la sustitución tiene eficacia gradual, el supuesto inicia su virtualidad con el fallecimiento del sustituyente y se consolida al fallecer el sustituido. Así, mientras el sustituyente vive, la sustitución no produce efecto alguno; por tanto, para su eficacia, se precisa la sobrevivencia del sustituido al sustituyente (art. 759 Cc).

Fallecido el ascendiente, el descendiente instituido se convierte en dueño, con un dominio sujeto a condición resolutoria –su muerte antes de llegar a la edad de catorce años– y, por tanto, podrá disponer, pero quedando siempre el derecho transmitido sujeto a una posible resolución puesto que la condición para el sustituto es suspensiva, y si se cumple tiene efecto retroactivo. Bien es verdad que sólo cuando fallece el instituido sucede el sustituto, entendiéndose incluidos en el patrimonio del descendiente sustituido los bienes que adquirió del ascendiente instituyente si le hubiera sobrevivido.

Cumplida la condición –fallecimiento del descendiente antes de cumplir catorce años–, los efectos se retrotraerán al día del fallecimiento del testador. Ahora bien, al tratarse de sustitución pupilar se abre la sucesión del descendiente, cuyo testamento fue otorgado por el ascendiente, por lo que la retroactividad habrá que establecerla tomando como diez a quo aquel en que falleció el descendiente sustituido, pero no el día de la muerte del ascendiente que lo instituyó.

5.4. Extinción de la sustitución pupilar

Al igual que veíamos en la sustitución vulgar, pueden distinguirse dos tipos de causas de extinción de la sustitución pupilar: causas genéricas y causas específicas.

Entre las causas genéricas destacan las que afectan a la validez del testamento o a la propia institución de heredero, que igualmente afectarán a las cláusulas sustitutorias.

Entre las causas específicas pueden citarse:

a) Que el descendiente instituido haya cumplido los catorce años, con lo cual deviene ineficaz la sustitución, porque el impúber podrá otorgar personalmente su testamento. Si bien como recuerda Rivas Martínez, no es preciso que el sustituido otorgue testamento para que se entienda extinguida la sustitución pupilar
b) Que muera el instituido antes que el testador, con lo que entonces la duda que se plantea es si en este caso podrán alcanzarse iguales efectos que la sustitución vulgar. La sustitución pupilar llevará una sustitución vulgar implícita siempre y cuando la efectividad de la disposición no implicase la coexistencia de una doble condición: ser heredero y morir antes de los catorce años.
c) Que el sustituto muera antes que el descendiente sustituido, ya que siendo el sustituto un heredero sometido a condición suspensiva si muere antes de que se cumpla la condición se aplicará lo previsto en el art. 759 Cc.
d) Que resulte incapaz para suceder o sea declarado indigno el sustituto o los sustitutos pupilares, o que renuncien éstos a la sustitución pupilar.

5.5. Sustitución ejemplar o cuasi pupilar

Concepto y naturaleza jurídica

Conforme señala el art. 776.1° C.c., se puede disponer la sustitución ejemplar por el ascendiente, para "nombrar sustituto al descendiente mayor de catorce años, que, conforme a derecho, haya sido declarado incapaz por enajenación mental».

Reprocha Lacruz que a tenor de la redacción del artículo 776 C.c., erróneamente pudiera pensarse que la incapacitación es una institución propia de la mayor edad, y al permitirse únicamente la sustitución en relación con quien ha cumplido catorce años, no se acierta a comprender qué sucederá con quienes teniendo más de catorce años tienen menos de dieciocho; y por otra parte, quedan, según expresa el citado jurista, importantes casos al margen de la regulación legal, sin solución inicialmente, y así se cita el de menores con profundas deficiencias síquicas que no tienen recuperación posible, y cuya situación no debería quedar supeditada a que el ascendiente viva o no cuando lleguen a cumplir la edad límite.

Así, igual que en la sustitución pupilar, según el art. 776 C.c., «el ascendiente podrá nombrar sustituto...» por lo que en la sustitución ejemplar, puede ser sustituyente cualquier ascendiente del sustituido, no siendo obstáculo a la sustitución que el ascendiente no tenga la patria potestad sobre el descendiente.

En cuanto a los sustituidos, pueden serlo cualquier hijo o descendiente matrimonial, no matrimonial o adoptado que conforme a derecho haya sido o pueda ser declarado incapaz por enajenación mental. Problema especial plantea si en la sustitución ejemplar el descendiente ha de ser, necesariamente, mayor de catorce años.

Del tenor literal de la ley parece deducirse que así será al referirse expresamente el art. 776 al mayor de catorce años. Llega a una conclusión diferente Rivas Martínez cuando afirma que si bien será lo más habitual que el descendiente sustituido sea mayor de catorce años ello no es obstáculo para que se pueda nombrar sustituto también para un menor de esa edad, pues es posible la incapacitación de un menor sin distinguir en que éste sea mayor o menor de catorce años.

La declaración de incapacidad del menor en la sustitución ejemplar

La exigencia de que el descendiente «haya sido declarado incapaz por enajenación mental» (art. 776.1° C.c.) plantea importantes dudas e incertidumbres que la doctrina ha intentado resolver.

Inicialmente se pregunta Rivas Martínez si la declaración de incapacidad ha de tener efecto antes de disponerse en el testamento la sustitución, o es suficiente que se efectúe en cualquier momento, incluso después de otorgado el testamento, aunque siempre antes de fallecer el descendiente.

Una primera línea doctrina, se ajustaría a una interpretación literal y estricta del precepto, y fue efectivamente la seguida, en un primer momento, por las sentencias del Tribunal Supremo, de 21 de abril de 1928, 10 de diciembre de 1929 y 15 de febrero de 1932. Como expresa HERNÁNDEZ-GIL, en estas tres decisiones, «sin concesión ninguna a la duda o a la dificultad, se sostiene firme y decididamente la tesis que consiste en afirmar que, con arreglo al art. 776, la declaración judicial de incapacidad es un requisito que ha de haberse cumplido con anterioridad al otorgamiento del testamento».

Posteriormente las sentencias del Tribunal Supremo de 10 de junio de 1941 y 12 de junio de 1956, han mantenido que la declaración de incapacidad del descendiente no constituye una solemnidad testamentaria y puede hacerse antes o después del testamento, y basta con que la declaración de incapacidad se encuentre pronunciada «al momento del fallecimiento sin testar del sustituto»; y así conforme a ambas sentencias "no cabe dudar que la garantía que implica tal declaración lo mismo se logra cuando es anterior que cuando sigue al testamento en que se ordena la sustitución, siempre que preceda al momento de la efectividad de ésta..."

Más recientemente, la sentencia de 29 de marzo de 2001, en remisión a la citada sentencia de 12 de junio de 1956, afirma expresamente que: «la declaración de incapacidad del sustituto no constituye una solemnidad testamentaria, y puede hacerse antes o después del testamento, siempre que preceda al momento de la efectividad de la sustitución, porque ninguna razón jurídica o de consecuencia social indica la procedencia y necesidad de privar a los ascendientes de la facultad de nombrar sustituto al descendiente enajenado mental, mientras no haya sido declarada judicialmente la incapacidad».

A nuestro entender la opción más correcta parece ser la que establece la necesidad de que la declaración de incapacitación se haya producido antes del otorgamiento del testamento, porque contribuye en mayor medida a la seguridad jurídica y además en otro caso, bastaría que cualquier ascendiente estimase, a su libre arbitrio, un grado de deficiencia o enajenación mental en el descendiente para disponer la sustitución.

Extinción de la sustitución ejemplar

Al igual que se indicaba en la sustitución pupilar, en la ejemplar procede hablar de causas genéricas y específicas de extinción. Entre las primeras, podemos remitirnos a cualquiera de las causas de invalidación del testamento o de la institución de heredero.

De las específicas podemos citar:

a) El testamento del incapacitado una vez recobrada la capacidad (art. 776.2º Cc). Bien es cierto que no han faltado autores que han entendido que la sola capacidad del descendiente extingue la sustitución, sin necesidad del otorgamiento de un testamento.

   Esta orientación del Código Civil ha sido criticada de forma diversa, pues si bien algún autor ha justificado la necesidad del testamento en todo caso, por la conveniencia de conservar la disposición del titular originario de los bienes, mientras no la revoque expresamente el favorecido (por todos, LACRUZ); sin embargo, la posición doctrinal mayoritaria lo interpretan como un criterio evidentemente exagerado, pues se exige no sólo que el incapacitado recobre la razón, sino que además otorgue testamento válido.

   Así lo ha interpretado RIVAS MARTÍNEZ, expresando que la sustitución ejemplar debe extinguirse no sólo cuando el sustituido otorga testamento después de haber recobrado la razón o en un intervalo lúcido, sino también cuando recobra la razón, aunque no otorgue testamento. Comparte este razonamiento Hernández Gil, al afirmar que lo que alcanza trascendencia en el momento de la apertura de la sucesión es la efectiva existencia de la capacidad o la incapacidad, pues el testamento, es por naturaleza, un acto destinado a producir sus efectos después de la muerte.

b) Premorir el sustituto tanto al sustituido como al ascendiente que hubiese ordenado la sustitución; ya que el sustituto es un heredero condicional y tendría que sobrevivir tanto al sustituido como al sustituyente.

c) Por la revocación de la sustitución ejemplar por parte del sustituyente en un nuevo testamento.
d) Cuando el sustituido tuviese un hijo, aunque fuese póstumo.
e) Si el incapacitado había otorgado testamento antes de incurrir en la incapacidad, como ésta no le anula, y el fin a que la sustitución tiende está cumplido, la sustitución ordenada no tiene validez, produciendo sus efectos el testamento anteriormente otorgado.

5.6. Sustituciones pupilar y ejemplar y las legítimas

El art. 777 C.c. se refiere tanto a la sustitución pupilar como ejemplar al expresar que: «Las sustituciones de que hablan los dos artículos anteriores, cuando el sustituido tenga herederos forzosos, sólo serán válidas en cuanto no perjudiquen los derechos legitimarios de éstos.»

Establecidas las sustituciones pupilar y ejemplar con la finalidad de excluir la sucesión intestada, se comprende que no puedan ser admitidas en perjuicio de tercero que tuviera derecho a la herencia como sucesor legitimario. El citado art. 777 viene a establecerlo así, haciendo respetar estos derechos legitimarios, cuya intangibilidad cualitativa y cuantitativa se esfuerza el legislador en preservar, prohibiendo cualquier gravamen o condición sobre los mismos.

Esta norma, que ya ha sido estudiada al exponer los argumentos de las llamadas tesis amplia y estricta, se refiere a los herederos forzosos del *sustituido*, pero no a los del sustituyente, y sin duda significa que, como observa LACRUZ, los bienes asignados por él al sustituido computan como parte integrante del caudal relicto de éste último; de suerte que la distribución que haga de ellos el sustituyente en virtud de la sustitución entre los sustitutos, no podrá impedir que los legitimarios del sustituido reciban en su momento con cargo al caudal relicto, así integrado, la cuantía que legalmente les corresponda.

CAPÍTULO 6
LA INEFICACIA DEL TESTAMENTO

1. CONSIDERACIONES GENERALES

Hay ocasiones en que el testamento no produce, por diversas razones, los efectos y consecuencias que el testador pretendió al hacerlo, sea por motivos internos, sea por factores externos al propio testamento.

En este caso, el objeto de análisis son los motivos internos por los que el estamento queda sin efecto, esto es, ineficaz, bien sea porque no se han cumplido las prescripciones legales que amparan el contenido del testamento, bien en el momento del otorgamiento o bien porque, con posterioridad, falta alguna de las exigencias extrínsecas a su otorgamiento, que le privan de su eficacia.

Tanto en un caso como en otro de ineficacia se produce una situación de nulidad del testamento (falta de alguno o de algunos elementos o formalidades intrínsecas al otorgamiento del testamento) o de caducidad, por falta de concurrencia posterior de las circunstancias que determinarían su eficacia, entendiendo también comprendidas aquí las circunstancias temporales que concurren excepcionalmente a la hora de utilizar diversas formas de testar.

No puede tampoco olvidarse como elemento de ineficacia del testamento, la propia voluntad del testador que revoque, en todo o en parte, el contenido de un testamento anterior y lo sustituya por otro, a pesar de ser el testamento anterior revocado plenamente válido y eficaz.

Tres son, en consecuencia, las categorías de ineficacia atribuibles al negocio testamentario, la nulidad, la caducidad y la revocación.

2. EL RÉGIMEN DE LA INEFICACIA EN EL CÓDIGO CIVIL

El Código Civil regula el tema de la ineficacia en los artículos 737-743 (sección X del capítulo I del Título III). El propio encabezamiento de esos artículos, *De la revocación e ineficacia de los testamentos*, aunque parece dar a entender otra cosa, se limita a regular la revocación en extenso, sin hacer más mención, en el caso de la ineficacia, en el art. 743 CC, para la ineficacia en general, a los «casos expresamente prevenidos en este Código». Será necesario remitirse, en consecuencia, a los supuestos de nulidad que, de forma expresa o implícita, se establecen en otras disposiciones del Código Civil, v. gr. el art. 673 CC y el art. 687 CC, referidos a los vicios de la voluntad y a la falta de formalidades en el testamento. Se podrá acudir además, en su caso, a las normas de los contratos, en cuanto resulten de posible aplicación al negocio testamentario.

La dicción legal, por tanto, del CC deja mucho que desear, ya que además de contraponer nulidad y revocación, confunde ineficacia con nulidad.

La única referencia a la ineficacia en la sección es el art. 743 CC:

> *Caducarán los testamentos o serán ineficaces en todo o en parte las disposiciones testamentarias, sólo en los casos expresamente prevenidos en este Código.*

En consecuencia, si bien no se formulan de forma detallada los casos señalados, si hay que entender que la remisión a los casos prevenidos en este Código conlleva la ineficacia de aquellos supuestos como el del testamento mancomunado (art. 669 CC), cuya prohibición expresa configura en el ordenamiento jurídico del Código Civil una de sus características fundamentales, como es la prohibición de que el testamento pueda hacerse conjuntamente por dos o más personas.

De todos modos, el principio recogido en el artículo sirve para mantener la validez de las disposiciones testamentarias y considerar que sólo excepcionalmente y en los casos prevenidos legalmente cabe aplicar la ineficacia de los testamentos.

3. LOS MOTIVOS DE NULIDAD

Dentro de la tipología anterior, la primera de las causas, esto es, la nulidad testamentaria, puede provenir tanto de razones internas derivadas del hecho de carecer el testador de capacidad de testar o de libertad para hacerlo, como de razones relacionadas con las solemnidades testamentarias o las formas de testar.

3.1. Falta de capacidad y libertad en el testador

Las nulidades derivadas de la falta de edad del testador la sitúan en menos de 14 años (art. 663.1 CC) o en la minoría de edad, si el testamento es ológrafo (art. 688 CC) o bien por una persona que no se halle en el momento del otorgamiento en su cabal juicio (art. 663.2 CC), según las reglas de capacidad ya estudiadas en este libro.

Además de esa capacidad, el testador ha de tener la libertad necesaria para poder formar y emitir su voluntad ya que de existir violencia, dolo o fraude, tal como dice el art. 673 CC, interpretado en la forma ya expuesta en este libro, estaríamos en presencia de una auténtica nulidad testamentaria.

3.2. Falta de formalidades

La existencia de defectos de forma en su otorgamiento es otra de las razones de nulidad del testamento.

Así lo expresa el art. 687 CC:

> *Será nulo el testamento en cuyo otorgamiento no se hayan observado las formalidades respectivamente establecidas en este capítulo.*

Es esta, por lo tanto, una labor de interpretación en la que cada caso concreto ha de ser objeto de estudio para determinar las circunstancias en las que cabe predicar o no dicha nulidad. Así lo ha establecido el Tribunal Supremo, distinguiendo entre formalidades esenciales y secundarias y señalando que solo la falta de las primeras da lugar a la nulidad absoluta (SSTS de 10 de diciembre de 1934 y 4 de enero de 1952).

Será imprescindible, por tanto, un examen pormenorizado de las circunstancias de cada caso para poder superar la imprecisión que existe a nivel de regulación general.

3.3. Los testamentos prohibidos

La utilización de alguna de las formas de testar prohibidas por el Código Civil conforma un último grupo de razones determinantes de la nulidad del testamento.

El testamento en el ámbito del Derecho común tiene un carácter marcadamente individual y personalísimo que se recoge en los arts. 669 y 670 CC, que rechazan los testamentos mancomunados y el testamento hecho por comisario o mandatario. Están, por tanto, prohibidos el testamento otorgado por más de una persona simultáneamente y en el mismo instrumento, sin importar que se haga en provecho recíproco o el de un tercero (art. 669 CC), y aquel en que el testador delega en un tercero la declaración de voluntad (art. 670 CC), si bien hoy en día, la prohibición de esta forma de testamento haya que matizarla por la amplia admisión de la delegación de la facultad de mejorar recogida en el artículo 831 CC tras la reforma operada por la Ley 417/2003, de 18 de noviembre.

4. EL RÉGIMEN JURÍDICO DE LOS DIFERENTES TIPOS DE NULIDAD

Dentro de la teoría general del negocio jurídico, la distinción dentro de la nulidad, entendida en sentido genérico, se plantea entre nulidad y anulabilidad, distinción que afecta, básicamente, al plazo para el ejercicio de las acciones, a la legitimación, a la apreciabilidad de oficio y a la posibilidad de convalidación.

La nulidad propiamente dicha es vista por la doctrina en los supuestos de adopción de una forma de testar prohibida, falta esencial de formalidades o falta absoluta de capacidad, en los cuales la acción puede hacerse valer cualquiera que sea el tiempo transcurrido. No se extingue por caducidad ni por prescripción.

Si el motivo de la nulidad, por el contrario, es alguno de los vicios del art. 673 CC, la doctrina y la jurisprudencia están de acuerdo en caracterizar esta clase de nulidad como semejante a la anulabilidad. Por lo tanto, para ser tenida en cuenta ha de declararse judicialmente, como consecuencia del ejercicio de una acción de impugnación llevada a cabo por los legitimados para ello dentro del plazo legal, que será el general del art. 1.964 CC, quince años, que se contarán desde la muerte del testador.

En estos supuestos de nulidad con régimen análogo al de la anulabilidad, si los legitimados para el ejercicio de la acción, renunciando a ella, dan por válido el testamento, este conserva la validez que tenía provisionalmente y se hace definitiva, por lo que los efectos en este caso derivarán del testamento como tal.

5. LEGITIMACIÓN PARA IMPUGNAR EL TESTAMENTO

Estarán *legitimados activamente* los que resulten favorecidos por la nulidad del testamento, es decir, los que pasarían a ser sucesores, ya en virtud de un testamento anterior que recobrase vigencia por la nulidad del siguiente, ya en virtud de la sucesión abintestato *(vide,* STS de 13 de julio de 1989).

Naturalmente, carecerán de legitimación los acreedores del causante, pues a ellos no les perjudican las atribuciones patrimoniales del testador (antes es pagar que heredar); sí que puede, en cambio, convenir a los acreedores de un presunto heredero cuyo patrimonio se incrementaría al recibir los bienes procedentes de la sucesión deferida por el testamento que resultaría vigente si prosperase la acción de nulidad del otro. En este caso cabría, por aplicación del art. 1.111 CC, que los acreedores se subrogasen en el lugar del heredero deudor suyo.

También estarán legitimados los albaceas nombrados en un primer testamento revocado por el que se pretende impugnar.

La *legitimación pasiva* corresponderá, correlativamente, a quien se aproveche de la validez del testamento, los favorecidos por el que se pretende impugnar y, por supuesto, el albacea, a tenor de lo dispuesto en el número 3 del art. 902 CC.

6. LA CADUCIDAD DEL TESTAMENTO

La caducidad es una forma de ineficacia sobrevenida que afecta a un testamento válidamente otorgado pero que, en consideración al hecho de haberse celebrado con menos garantías que los ordinarios, solo es admitido durante un período excepcional *(vide,* arts. 703.1; 719 y 720; 730 y 731 CC) o cuando se cumplan ciertas formalidades complementarias dentro de un plazo determinado *(vide,* arts. 689; 703.2; 704; 720.3 y 718; 731 CC).

En todos los casos, al tratarse de caducidad, transcurridos los períodos para que se produzca la consolidación del testamento, la pérdida de la eficacia es automática y los plazos no son susceptibles de interrupción.

De conformidad con el art. 743, solo podrá admitirse como casos de caducidad los *expresamente recogidos en el Código.*

7. LA REVOCACIÓN

7.1. El principio de la libre revocabilidad del testamento

La revocación consiste en la voluntad del testador y en la ejecución de dicha voluntad, para privar de eficacia al testamento válidamente otorgado con anterioridad. El testamento, por principio, ha de recoger la última voluntad del testador y, por lo tanto, dado que dicha voluntad puede expresarse hasta el último momento de su vida, solo esa voluntad postrera será la verdadera. De ahí que quepa revocar el testamento.

El art. 737.1 CC establece:

> *Todas las disposiciones testamentarias son esencialmente revocables, aunque el testador exprese en el testamento su voluntad de no revocarlas.*
>
> *Se tendrán por no puestas las cláusulas derogatorias de las disposiciones futuras, y aquellas en que ordene el testador que no valga la revocación del testamento si no la hiciese con ciertas palabras o señales.*

> *Carece de efecto alguno, por tanto, que el testador exprese en el testamento su voluntad o resolución de no revocar (párrafo primero), o que derogue anticipadamente en un testamento previo la disposición que puede haber en el futuro (párrafo segundo) o aquella en que no utilice ciertas palabras o señales.*

7.2. Los requisitos de la revocación expresa

La revocación supone, como el testamento, la manifestación de la voluntad del testador y supone un acto idéntico al de testar. Así lo recoge el art. 738 CC:

> *El testamento no puede ser revocado en todo ni en parte sino con las solemnidades necesarias para testar.*

El texto legal civil no requiere, sin embargo, que se otorgue un nuevo testamento idéntico en forma o clase al revocado, sino que el acto de la revocación reúna las solemnidades necesarias para testar. Por tanto, el testamento revocatorio, v. gr. ológrafo, es válido para revocar el contenido de un testamento abierto notarial anterior, ya que lo esencial es que el testador manifieste su voluntad de hacerlo, con independencia de la forma en que lo haga, si esta es válida de acuerdo con el CC.

7.3. La revocación tácita

El art. 739. 1 CC recoge la denominada revocación tácita:

> *El testamento anterior queda revocado de derecho por el posterior perfecto, si el testador no expresa en éste su voluntad de que aquél subsista en todo o en parte.*

El Tribunal Supremo ha sentado la doctrina de que hay que conciliar el art. 739 CC con el art. 675 CC, «interpretando la segunda disposición testamentaria conforme a la verdadera intención del testador, deducida del propio tenor del testamento, y admitiendo la eficacia de aquellas disposiciones del primer testamento que puedan coexistir con las del posterior» (STS de 1 de febrero de 1988). Por su parte, la STS de 7 de mayo de 1990 declaró que «la voluntad que se exige en el párrafo primero del art. 739 CC para dejar subsistente un testamento anterior puede ser no sólo la explícita o expresa en tal sentido, sino también la que se deduzca del tenor de ambos testamentos cuando aplicando las reglas de interpretación que establece el art. 675 del mismo cuerpo legal aparezca evidente la intención del testador de mantener o conservar el testamento anterior respecto del cual el posterior sea complementario, aclaratorio o simplemente modificativo» *(vide,* en el mismo sentido, la STS de 14 de mayo de 1996).

Ciertamente esa convivencia entre testamentos puede darse cuando los posteriores no contengan disposiciones patrimoniales, interpreten los anteriores o los completen. El art. 739 CC exige para que el testamento posterior revoque el anterior que sea, «perfecto», esto es, que esté ajustado a las prescripciones que el Código exige para su validez.

Lo matiza el art. 740 CC cuando establece:

> *La revocación producirá su efecto aunque el segundo testamento caduque por incapacidad del heredero o de los legatarios en él nombrados o por renuncia de aquél o de éstos.*

Es decir, la validez del testamento revocatorio se mantiene aun cuando su eficacia pueda ser objeto de discusión por causas ajenas a la voluntad del testador revocante.

7.4. La reviviscencia del testamento revocado

La dicción del art. 739.2 CC trae a colación el supuesto de la reviviscencia del testamento revocado:

> *El testamento anterior recobra su fuerza si el testador revoca después el posterior y declara expresamente ser su voluntad que valga el primero.*

Por lo tanto, para que el testamento previo recobre su eficacia, reviva o resucite, es necesario que el testador así lo declare expresamente.

La declaración de eficacia del primer testamento que haga el testador es también un testamento, pues es un acto de disposición de bienes, aunque sea por remisión a otro testamento (el primeramente revocado), como en general permite con bastante flexibilidad el art. 672 CC Por esta razón, es indudable que aunque el art. 739 CC no lo exija, ha de hacerse esa declaración cumpliendo con las formalidades necesarias para testar.

El esquema sería el siguiente:

$$T1 \rightarrow T2 \rightarrow T3$$

Donde T1 el primer testamento, revocado en todo o parte por T2, recobraría en todo o parte su vigencia a través de T3, en una secuencia cronológicamente continua.

7.5. Límites materiales a la revocabilidad. El reconocimiento de hijos

Independientemente de que el testamento sea un acto esencialmente de disposición de bienes, ello no obsta a que pueda contener disposiciones de otro tipo, con trascendencia jurídica o incluso que estas sean el contenido esencial del testamento tales como el nombramiento de tutor, el reconocimiento de la filiación, etc.

Se plantea entonces la fuerza de la revocación efectuada en relación a este tipo de contenidos de naturaleza no necesariamente patrimonial recogidos en el testamento.

El art. 741 CC da una respuesta clara, basada en el interés de los terceros posibles afectados por estas disposiciones:

> *El reconocimiento de un hijo no pierde su fuerza legal aunque se revoque el testamento en que se hizo o éste no contenga otras disposiciones, o sean nulas las demás que contuviese*

¿*Quid* respecto de otros reconocimientos y singularmente del reconocimiento de deuda hecho en testamento? La jurisprudencia no lo ha extendido a estos supuestos, si bien es evidente que esa manifestación de voluntad del testador sería un principio de reconocimiento de prueba de la existencia de la deuda, aunque no el único determinante de la misma, necesitando la concurrencia de otros (*vide*, SSTS de 6 de junio de 1986 y 1 de julio de 1996).

7.6. La llamada revocación real

El art. 742 CC establece:

> *Se presume revocado el testamento cerrado que aparezca en el domicilio del testador con las cubiertas rotas o los sellos quebrantados, o borradas, raspadas o enmendadas las firmas que lo autoricen.*
>
> *Este testamento será, sin embargo, válido cuando se probare haber ocurrido el desperfecto sin voluntad ni conocimiento del testador, o hallándose éste en estado de demencia; pero si aparecieren rota la cubierta o quebrantados los sellos, será necesario probar además la autenticidad del testamento para su validez.*
>
> *Si el testamento se encontrare en poder de otra persona, se entenderá que el vicio procede de ella y no será aquél válido como no se pruebe su autenticidad, si estuviere rota la cubierta o quebrantados los sellos; y si una y otros se hallaren íntegros, pero con las firmas borradas, raspadas o enmendadas, será válido el testamento, como no se justifique haber sido entregado el pliego en este forma por el mismo testador.*

Es este el caso de la revocación llamada *real* en la que la existencia de ciertos signos o señales determinan la existencia de una voluntad de revocar por parte del testador. Será necesario que dichos actos de revocación los realice el propio testador, si bien puede valerse de otras personas para ello; lo que no puede es dejarles a ellos la decisión de hacerlo. El testador, por otra parte, ha de tener capacidad necesaria para testar y realizar los actos con conocimiento y libertad suficientes.

CAPÍTULO 7
LA EJECUCIÓN DEL TESTAMENTO: EL ALBACEAZGO

1. CONCEPTO DE ALBACEA

El cumplimiento y ejecución de las disposiciones testamentarias, corresponde, desde luego, a los herederos. Ello no obstante, el testador puede encargar esta labor a una o más personas de su confianza que históricamente eran denominados testamentarios, cabezaleros o mansesores y que hoy bajo el nombre de albacea (como ya apunta el origen etimológico del término árabe: "al waci", gestor), son los encargados de que las disposiciones del testamento sean efectivas.

En la práctica, sin embargo, suelen coincidir, en su caso, bien en una sola persona, bien en varias, las funciones de ejecutar lo dispuesto en el testamento, la administración de los bienes de la herencia o la partición de los bienes de la herencia. La función típica del albacea es la primera, aunque la segunda, atribuida normalmente al contador-partidor, también puede estar en manos del albacea por disposición del testador. Además, al albacea —como ha reconocido el TS— le vienen siendo reconocidas dentro de sus facultades, las que corresponden al contador-partidor. El CC no establece una regulación de los administradores de la herencia o de los contadores-partidores salvo de forma esporádica v. gr. al hablar de la aceptación de la herencia a beneficio de inventario, por lo que el TS ha declarado, en reiteradas ocasiones, aplicables a los mismos la normativa del CC relativa a los albaceas.

2. NATURALEZA JURÍDICA DEL ALBACEA

La construcción dogmática de la figura del albacea es dentro del Derecho civil español una de las más controvertidas. Las teorías más destacadas al respecto son las siguientes:

2.1. Teoría del mandato

La teoría tradicional lo enfocaba bajo a perspectiva del mandato, siendo el albacea un mandatario *post mortem*, ya que recibe del testador el encargo de prestar un servicio o hacer alguna cosa (art. 1709 CC). Las semejanzas, sin embargo, ceden ante las diferencias entre ambas figuras.

En efecto, al albacea le falta el carácter contractual del mandato; se inicia, a diferencia del mandato, en el momento del fallecimiento del testador y no, como el mandato, que se extingue en el momento del fallecimiento del mandante. Falta el carácter de revocabilidad del mandato, impensable para un albacea que actúa en virtud de un testamento firme y además el mandato supone un encargo especial y concreto, en que el mandatario ve fijado en el mandato su propio encargo. En el albacea, basta su nombramiento, ya que su cometido, si nada añade el testador, está fijado por la propia ley, sin que quepa decir que es un mandato especial o *sui generis* o, como también se ha afirmado, que sea un mandatario de los herederos o legatarios, ya que la actuación de aquel es independiente de la de estos.

2.2. Teoría de la representación

Un sector doctrinal se ha fijado en el albacea para conceptuarlo como un representante, bien del causante, bien de los herederos o legatarios o de la herencia. Sin embargo, difícilmente cabe hablar de representación, cuando esta supone actuar en nombre de otro, ya que el albacea actúa siempre *per se*, con independencia de los posibles representados e incluso a veces en oposición a ellos. La herencia, además, carece de personalidad para poder actuar en su nombre.

2.3. Teorías modernas

Ente ellas se sitúan, la que equiparan albaceazgo y tutela, albaceazgo y fiducia, albaceazgo y administración de la herencia y albaceazgo y función o cargo de derecho privado, tesis todas ellas que gozan de un predicamento muy limitado.

En definitiva, y tras la variedad de criterios analizados, podemos decir que el albaceazgo es una institución que tiene caracteres propios, que pueden coincidir en todo o parte con otras figuras del ordenamiento jurídico y que como tal hay que analizar. En el caso del País Vasco, la figura del albacea presenta evidentes analogías con el comisario *alkarpoderoso* del Derecho civil vasco. Si bien este no encaja exactamente con la figura del albacea, puesto que no se limita a ejecutar simplemente la voluntad del testador, sino que tiene facultades más amplias, ya que su misión más destacada es la de elegir heredero al causante dentro de los integrantes de un grupo predeterminado, aunque si se trata del "poderoso" es, a la vez, administrador y representante de la herencia yacente (art. 4 LDCV). Sin embargo, no cabe decir que supla las funciones típicas del albacea si no se especifica expresamente por el testador tal circunstancia. De ahí que la fórmula notarial utilizada habitualmente en la "tierra llana" de Vizcaya antes y hoy en el Derecho civil vasco, prevea expresamente, como complemento a la designación de comisario, el nombramiento de albacea.

3. CARACTERES DEL CARGO

Son caracteres del cargo de albacea, el de ser un cargo personalísimo, gratuito, temporal, voluntario y testamentario.

3.1. Cargo personalísimo

Ya que el testador ha de desempeñarlo por sí mismo y solo puede delegarlo cuando el testador le hubiese autorizado para hacerlo, estando basado en la confianza (art. 909 CC). Ello no es obstáculo para que, en caso de que la persona designada albacea se encuentre imposibilitada para ejercer el cargo, una vez aceptado este, o si el desempeño del mismo exige conocimientos técnicos o preparación especial, pueda solicitar de otra persona experta su colaboración o auxilio material o jurídico.

El albaceazgo es un cargo personalísimo, lo que impide, al estar basado en la confianza del testador, que el albacea pueda ser elegido por los herederos. En ocasiones, no obstante, se permite una cierta indeterminación en la persona elegida como albacea y un mayor margen decisorio a estos. Así ocurre cuando se designa como tal al "Presidente del Colegio de Abogados de la Provincia" o "a cualquier notario" de la misma, a elección del o de los herederos. La admisión de tal posibilidad es positiva, ya que evita el recurso a los organismos judiciales —habitualmente más lento y costoso— a la vez que posibilita el ejercicio del cargo, impidiendo que la persona designada para ejercerlo haya fallecido o sea incapaz cuando sea llamada a ello.

Una última consecuencia del carácter del cargo que analizamos sería la condición de intransmisibilidad *mortis causa* del mismo a los herederos del albacea, ya que el artículo 910 CC establece que el albaceazgo termina con la muerte del causante y sus herederos no reciben, por el hecho de la muerte del albacea, la obligación de continuar en el ejercicio del cargo. (STS de 27 de marzo 1896).

3.2. Cargo normalmente gratuito

Tal como resulta de la dicción del art. 908 CC:

> *El albaceazgo es cargo gratuito. Podrá, sin embargo, el testador señalar a los albaceas la remuneración que tengan por conveniente; todo sin perjuicio del derecho que les asista para cobrar lo que les corresponda por los trabajos de partición u otros facultativos.*
>
> *Si el testador lega o señala conjuntamente a los albaceas alguna retribución, la parte de los que no admitan el cargo acrecerá a los que lo desempeñen.*

El principio de gratuidad del albaceazgo ha sido muy discutido por la doctrina moderna. De hecho, el propio artículo reconoce una serie de supuestos de remuneración del albacea, bien porque el testador se la haya señalado, bien porque el albacea, por razón del trabajo a realizar, haya de efectuar labores de partición u otras de carácter facultativo, en cuyo caso tiene derecho a cobrar por lo que le corresponda por dichos trabajos.

La jurisprudencia ha restringido el derecho de los albaceas a cobrar honorarios por sus trabajos facultativos, si bien es cierto que ello nada tiene que ver con lo relativo al resarcimiento de los gastos y desembolsos que el albacea haya efectuado en el cumplimiento del encargo, siempre que no se haya extralimitado en sus facultades y que se hallen debidamente justificados que el ejercicio del cargo ocasiona a su titular. Pese al silencio del art. 908 CC al respecto, parece que le deben ser satisfechos por analogía con lo dispuesto en los artículos 1.728 y 1.729 CC, fundamentalmente para evitar un enriquecimiento injusto de los herederos. En idéntico sentido se ha manifestado reiteradamente la jurisprudencia del TS.

3.3. Es un cargo temporal

Se deduce este carácter del tenor literal de los artículos 904 a 906 CC.

Art. 904:

> *El albacea a quien el testador no haya fijado plazo deberá cumplir su encargo dentro de un año contado desde su aceptación, o desde que terminen los litigios que se promovieren sobre la validez o nulidad del testamento o de alguna de sus disposiciones.*

Art. 905:

> *Si el testador quisiera ampliar el plazo legal, deberá señalar expresamente el de la prórroga. Si no lo hubiese señalado, se entenderá prorrogado el plazo por un año. Si, transcurrida esta prórroga, no se hubiese cumplido todavía la voluntad del testador, podrá el Secretario judicial o el Notario conceder otra por el tiempo que fuere necesario, atendidas las circunstancias del caso.*

Art. 906:

> *Los herederos y legatarios podrán, de común acuerdo, prorrogar el plazo del albaceazgo por el tiempo que crean necesario; pero si el acuerdo fuese solo por mayoría, la prórroga no podrá exceder de un año.*

El carácter temporal de la actuación del albacea se deduce de su propia función transitoria, a fin de que lo antes posible se ejecute la voluntad del testador. El establecimiento de un plazo de actuación corresponde al testador, de forma libre, y sin límite alguno. Solo cuando este no lo haya establecido, la ley señala el de un año (art. 904 CC) contado desde la aceptación del cargo o desde que terminen los litigios que se promovieren sobre la validez o nulidad del testamento o de alguna de sus disposiciones.

Cabe, sin embargo, la prórroga, que podrá establecer el testador en cuanto al plazo. Si no lo hace, se entenderá prorrogado por un año más y si, transcurrida esa prórroga el albacea no hubiera podido cumplir el encargo el Secretario Judicial o el Notario, de forma discrecional, podrá conceder otra prórroga por el tiempo que fuera necesario, en atención a las circunstancias del caso.

Si los herederos y legatarios de común acuerdo, deciden prorrogar el plazo del albaceazgo, pueden hacerlo por el tiempo que crean necesario; si solo hay mayoría en el acuerdo de prórroga, no podrá ser esta de más de un año.

3.4. Cargo voluntario

Es voluntario en cuanto a su aceptación, pero obligatorio en cuanto a su desempeño, una vez aceptado, tal y como resulta del art. 898 CC:

> *El albaceazgo es cargo voluntario, y se entenderá aceptado por el nombrado para desempeñarlo si no se excusa dentro de los seis días siguientes a aquel en que tenga noticia de su nombramiento, o, si éste le era ya conocido, dentro de los seis días siguientes al en que supo la muerte del testador.*

La aceptación del cargo puede ser expresa o tácita, no pudiendo ser sometida a condición ni plazo, además de ser indivisible. El propio precepto citado recoge la aceptación tácita o, mejor, presunta, en el caso de que se entiende aceptado el cargo si dentro de los seis días siguientes a aquel en que tenga noticia de su nombramiento, o, si este le era ya conocido, dentro de los seis días siguientes al en que supo la muerte del testador no se excusa.

La excusa deberá manifestarse ante los herederos y, en defecto, de estos, ante el juez (por el procedimiento de jurisdicción voluntaria que se convierte en contenciosa si algún interesado se opone), y no requiere justa causa, al contrario que la renuncia al cargo una vez aceptado.

De no existir justa causa para la renuncia una vez realizada se activarán automáticamente las consecuencias previstas en el art. 900 CC:

> *El albacea que no acepte el cargo, o lo renuncie sin justa causa, perderá lo que le hubiese dejado el testador, salvo siempre el derecho que tuviere a la legítima.*

3.5. Cargo testamentario

El albacea es, además, un cargo testamentario, esto es, designado por el testador en su propio testamento (en cualquiera de las formas legalmente admitidas). La admisión, hoy en día, de la figura de los albaceas legítimos (art. 911 CC) o dativos responde a otras razones que luego se tratarán.

4. CLASES DE ALBACEAS

a) Por razón de su nombramiento se puede hablar de albaceas testamentarios (nombrados por el testador), legítimos (los herederos en los supuestos del art. 911 CC, aunque se trata de un supuesto muy discutido por la doctrina, e incluso el párroco o el alcalde, ex art. 749 CC) o dativos. A estos últimos se refiere el art. 66 del nuevo Título VII introducido en la Ley de 28 de mayo de 1862, del Notariado por la Disposición Final Undécima de la Ley 15/2015, de 2 de julio, de la Jurisdicción Voluntaria, en la que se dispone lo siguiente:

> *El Notario autorizará escritura pública:*
>
> *[...] b) Para el nombramiento de contador-partidor dativo en los casos previstos en el artículo 1057 del Código Civil. El nombramiento se realizará de conformidad con lo previsto en el artículo 50 [...].*

A su vez, el CC dispone hoy en día, tras su última reforma, lo siguiente en orden al nombramiento de contador-partidor dativo:

Art. 1057:

El testador podrá encomendar por acto «inter vivos» o «mortis causa» para después de su muerte la simple facultad de hacer la partición a cualquier persona que no sea uno de los coherederos.

No habiendo testamento, contador-partidor en él designado o vacante el cargo, el Secretario judicial o el Notario, a petición de herederos y legatarios que representen, al menos, el 50 por 100 del haber hereditario, y con citación de los demás interesados, si su domicilio fuere conocido, podrá nombrar un contador-partidor dativo, según las reglas que la Ley de Enjuiciamiento Civil y del Notariado establecen para la designación de peritos. La partición así realizada requerirá aprobación del Secretario judicial o del Notario, salvo confirmación expresa de todos los herederos y legatarios.

Lo dispuesto en este artículo y en el anterior se observará aunque entre los coherederos haya alguno sujeto a patria potestad, tutela o curatela; pero el contador-partidor deberá en estos casos inventariar los bienes de la herencia, con citación de los representantes legales o curadores de dichas personas.

b) Por las funciones que se les encomiendan, los albaceas pueden ser universales o particulares, según determina expresamente el art. 894 CC. El CC, sin embargo no determina las facultades de los albaceas universales ni deslinda ambas figuras.

En una primera aproximación puede decirse que el albacea universal es el que el testador encarga la ejecución de la totalidad de la herencia, y el particular es aquel al que se le atribuyen algunas funciones concretas o relativas solo a determinados bienes integrados en la masa.

En todo caso, habrá que estar a la voluntad del testador para saber en qué tipo se encuadra la actuación del albacea en cada caso. Cabrá, por tanto, aunque no sea habitual, otorgar facultades universales a un albacea, en cuyo caso es defendible que pueda realizar todo cuanto sea necesario para la plena efectividad de la herencia.

Lo más habitual será, sin embargo, que las facultades dadas al albacea, sobre todo en testamentos notariales, sean lo más amplias posibles sin llegar a utilizar la expresión de universales, aunque, de facto, dada la amplitud del haz de facultades concedidas, puedan actuar como tales.

c) Atendiendo al número de albaceas nombrados, el testador puede nombrar uno o varios. Si son varios, a su vez pueden ser simultáneos (cuando están llamados para actuar al mismo tiempo) o sucesivos (uno detrás de otro, lo que es poco frecuente en la práctica). Y en el caso de haber sido nombrados varios simultáneamente, podrán ser a su vez mancomunados o solidarios, distinción recogida en el art. 894.2 CC.

La doctrina ha venido considerando tradicionalmente aplicables al ejercicio del albaceazgo las normas del Código reguladoras de las obligaciones mancomunadas y solidarias, lo que, en principio, parece admisible pero siempre adaptándolo a las particulares circunstancias de cada caso.

Los artículos 895 y 896 CC regulan la actuación de los albaceas mancomunados.

Art. 895:

> *Cuando los albaceas fueren mancomunados, solo valdrá lo que todos hagan de consuno, o lo que haga uno de ellos legalmente autorizado por los demás, o lo que, en caso de disidencia, acuerde el mayor número.*

Art. 896:

> *En los casos de suma urgencia, podrá uno de los albaceas mancomunados practicar, bajo su responsabilidad personal, los actos que fueren necesarios, dando cuenta inmediatamente a los demás.*

Del texto de dichos artículos se deduce que si son mancomunados los albaceas, solo valdrá lo que realicen todos ellos de consuno o uno de ellos con consentimiento del resto (que podrá ser prestado con posterioridad a lo actuado, ratificación valida ex art. 1.259 CC).

Si no hubiese acuerdo unánime sobre la manera de actuar valdrá lo que decida la mayoría, por lo que siempre será recomendable que el número de albaceas designados sea impar. Si así no fuera (bien por ser número par o bien porque solo ejerzan el cargo en ese momento un número par de albaceas —las mayorías se computan por los albaceas que efectivamente desempeñan la función—) y se produjera un empate, este se resolverá a favor de la postura adoptada por el albacea al que el testador atribuyó voto decisorio (si así lo ha dispuesto), y en caso de no existir este, por lo que decida el juez.

Ciertamente, los disidentes podrán impugnarlo dispuesto en vía judicial. Del mismo modo, en los supuestos de premoriencia, excusa, renuncia o remoción de alguno de los albaceas mancomunados, el TS tiene declarado que sus funciones se concentrarán en los que queden, aunque solo sea uno a menos que resulte claramente del testamento que la voluntad del testador era la de la ejecución plural del albaceazgo, en cuyo caso se extinguirá éste.

En cuanto a los albaceas designados solidariamente nada dice el CC. Por tanto, habrá que ir a lo dispuesto en el art. 897 CC:

> *Si el testador no establece claramente la solidaridad de los albaceas, ni fija el orden en que deben desempeñar su cargo, se entenderán nombrados mancomunadamente y desempeñarán el cargo como previenen los dos artículos anteriores.*

Si todos los albaceas solidarios actúan de forma diferente, se aplicará, necesariamente, lo dispuesto para los albaceas mancomunados.

5. CAPACIDAD PARA EL EJERCICIO DEL CARGO

El art. 893 CC dispone:

> *No podrá ser albacea el que no tenga capacidad para obligarse.*
>
> *El menor no podrá serlo, ni aun con la autorización del padre o del tutor.*

Es decir; conforme al CC para ser albacea debe la persona elegida gozar de capacidad jurídica plena, o lo que es lo mismo, ser mayor de edad y no sufrir causa alguna de restricción de su capacidad. Pueden por tanto serlo el heredero (que no puede ser contador-partidor), ya que del art. 900 CC se deduce que el albacea puede ser legitimario. Pueden también serlo el confesor del testador en su última enfermedad, el tutor y el Notario autorizante del testamento, ya que no se aplican los artículos 752 al 754 CC.

Más discutible es que puedan ostentar el cargo los menores emancipados, lo que contradice la propia dicción del art. 893 CC aunque un sector de la doctrina defienda la opción de que puedan ser albaceas.

Se discute igualmente si pueden ser albaceas los incursos en causa de indignidad para suceder si el testador conocía dicha circunstancia al elegir a la persona indigna. Lo que parece claro es que si la causa de indignidad era desconocida o su concurrencia es posterior al otorgamiento del testamento, podrá acudirse a su remoción aplicando el art. 910 CC.

Parece claro que pueden ser albaceas las personas jurídicas. Si se admite que tiene capacidad para obligarse (art. 38 CC), también habrá que admitir que puedan ser albaceas, máxime tras admitir el legislador que pueda ejercer la tutela).

Una lectura del art. 893 CC hace ver que no pueden ser albaceas: los incapacitados en virtud de sentencia firme, los pródigos, concursados y quebrados y las personas que no pueden comparecer en juicio, ya que en este último caso, no podrían defender la validez del testamento.

Obviamente la capacidad para ser albacea ha de darse en el momento de alcanzar la cualidad de tal, no en el momento del otorgamiento del testamento o de abrirse la sucesión.

6. FACULTADES DE LOS ALBACEAS

El régimen legal viene recogido en los artículos 901 a 903 CC que disponen:

Art. 901*:*

> *Los albaceas tendrán todas las facultades que expresamente les haya conferido el testador, y no sean contrarias a las leyes.*

Art. 902*:*

> *No habiendo el testador determinado especialmente las facultades de los albaceas, tendrán las siguientes:*
>
> *1. Disponer y pagar los sufragios y el funeral del testador con arreglo a lo dispuesto por él en el testamento; y, en su defecto, según la costumbre del pueblo.*
>
> *2. Satisfacer los legados que consistan en metálico, con el conocimiento y beneplácito del heredero.*
>
> *3. Vigilar sobre la ejecución de todo lo demás ordenado en el testamento, y*

sostener, siendo justo, su validez en juicio y fuera de él.

4. Tomar la precauciones necesarias para la conservación y custodia de los bienes, con intervención de los herederos presentes.

Art. 903*:*

Si no hubiere en la herencia dinero bastante para el pago de funerales y legados, y los herederos no lo aportaren de lo suyo, promoverán los albaceas la venta de los bienes muebles; y, no alcanzando éstos, la de los inmuebles, con intervención de los herederos.

Si estuviese interesado en la herencia algún menor, ausente, corporación o establecimiento público, la venta de los bienes se hará con las formalidades previstas por las leyes para tales casos.

Una primera aproximación al régimen establecido por estos artículos nos pone de relieve una serie de facultades que corresponden a los albaceas:

1. La primera norma es la de que el haz de facultades del albacea vendrá determinada por el hecho de la voluntad del testador, que será la que conformará el contenido de esas facultades.

2. En defecto de determinación especial por el testador, corresponden al albacea, las siguientes facultades:

2.1. Tomar posesión de la herencia y administrar los bienes hereditarios, formar inventarios, cobrar créditos y pagar deudas.

2.2. Representar a la herencia así judicial como extrajudicialmente y nombrar procuradores para el ejercicio de las asociaciones pertinentes.

2.3. Hacer las declaraciones necesarias para la liquidación de toda clase de supuestos, pagar estos e interponer los recursos que procedan.

2.4. Interpretar el testamento y demás actos de última voluntad ordenados por el causante.

El albacea universal debe entenderse facultado para interpretar el testamento incluso, creemos, aunque esta facultad no resulte del testamento expresamente, a condición de que el albacea se defina como universal o tal cosa se desprenda de las amplias facultades que le hayan sido conferidas.

2.5. Solicitar la adveración y protocolización de testamentos ológrafos y memorias testamentarias.

2.6. Sostener en juicio la validez del testamento y demás actos que contengan la última voluntad del causante.

2.7. Disponer y pagar todo lo referente a entierro, funerales y demás sufragios piadosos, conforme a lo ordenado por el causante o, en su defecto, según el uso del lugar.

2.8. Entregar legados de dinero u otros bienes.

2.9. Enajenar bienes muebles de cualquier clase para pagar gastos, deudas, cargas y legados en dinero, si no lo hubiere suficiente en la herencia y siempre que los herederos no lo aportasen en la medida necesaria.

Una de las cuestiones que mayor atención ha generado entre las facultades del albacea es precisamente esta, la de la venta de los bienes hereditarios por el albacea y si este necesita para ello, el consentimiento de los herederos. La tesis más extendida tanto doctrinal como jurisprudencialmente es que si los herederos son voluntarios, el albacea lo puede hacer sin necesidad del consentimiento de estos. Si, por el contrario, son legitimarios, la discrepancia aumenta. De hecho la DGRN entiende necesario ese consentimiento para poder realizar la venta, si bien las matizaciones de los diferentes autores pasan por el hecho de que cabe defender, una vez calculada la legítima, y conociendo la parte de libre disposición, la opción (sobre todo si se le ha encomendado como facultad por el testador) de defender la venta realizada por el albacea, sin perjuicio del derecho que corresponde a los herederos forzosos para impugnar la venta si entienden y prueban que el valor de lo enajenado excede de la parte de libre disposición.

2.10. En general, ejecutar la última voluntad del causante, cumpliéndola y exigiendo su cumplimiento.

7. OBLIGACIONES DEL ALBACEA

1. Desempeñar el cargo desde que lo acepta, tal y como se ha visto.

2. Hacer inventario. El CC no lo impone, aunque la mayor parte de la doctrina parece unánime en su exigencia. Que se cumple, desde luego, con la formalización de operaciones particionales.

3. Pero la obligación sin duda más importante es la de rendición de cuentas, obligación que viene impuesta por el art. 907 CC que dispone:

> *Los albaceas deberán dar cuenta de su encargo a los herederos.*
>
> *Si hubiesen sido nombrados, no para entregar los bienes a herederos determinados, sino para darles la inversión o distribución que el testador hubiese dispuesto en los casos permitidos por derecho, rendirán sus cuentas al juez.*
>
> *Toda disposición del testador contraria a este artículo será nula.*

La exigencia de este precepto es lógica en toda gestión de negocios ajenos. El testador no le puede eximir de esta obligación, no obstante, parece admisible que el albacea pueda quedar dispensado de la misma por acuerdo unánime de todos los herederos. Si podrá, por el contrario, relevarle de la obligación de rendir cuentas, ya que no son idénticas la obligación de dar cuenta del encargo y rendir cuentas del mismo, salvo que el testador haya encomendado al albacea la administración de la herencia, puesto que entonces dar cuenta del encargo implicará necesariamente rendir cuentas del mismo.

El dar cuenta del encargo lo pueden exigir tanto los herederos como otros interesados en la herencia. Lo habrán de hacer el albacea singular o los plurales al heredero o legatario de parte alícuota, en el momento en el que finalicen su actuación y lo podrán hacer de forma extrajudicial (respetando, en su caso, el procedimiento establecido por el testador, sí este lo ha dispuesto expresamente) o judicial.

8. EXTINCIÓN DEL ALBACEAZGO

El artículo 910 CC recoge las razones de la extinción del cargo:

a) Muerte del albacea. Determinado el cargo por razón de la confianza, es lógico que la muerte del albacea, si es persona física, o la extinción de la persona jurídica, determine la extinción del albaceazgo.

b) Imposibilidad del albacea. Actúa de forma automática, incluyendo las causas inhabilitantes que supongan pérdida de facultades intelectuales.

c) Renuncia del albacea

— Renuncia anterior a la aceptación. Es un cargo voluntario, por lo que puede aceptarlo o no.

— Renuncia posterior a la aceptación. Una vez aceptado el cargo, según el art. 899 CC se constituye en la obligación de desempeñarlo, pero admite que puede renunciarlo alegando justa causa a prudente arbitrio del juez. El CC no enumera esas justas causas.

La renuncia es una declaración de voluntad unilateral y recepticia, que de conformidad con lo establecido en el artículo 66 del nuevo Título VII introducido en la Ley de 28 de mayo de 1862, del Notariado por la Disposición Final Undécima de la Ley 15/2015, de 2 de julio, de la Jurisdicción Voluntaria, exige escritura pública:

> *El Notario autorizará escritura pública:*
>
> *a) En los casos de renuncia del albacea a su cargo o de prórroga del plazo del albaceazgo por concurrir justa causa.*

d) Remoción del albacea. Ante el silencio del CC, la doctrina invoca la analogía con las causas de remoción del tutor (arts. 247 y ss. CC). El TS, vacilante en este punto, considera, entre otras, como causas de remoción la incapacitación para el cargo o para el ejercicio de derechos civiles, la conducta dolosa del albacea o el ejercicio de facultades que no le corresponden y la conducta negligente del albacea así como otros motivos que, en todo caso, quedan a criterio de los tribunales en cuanto a su apreciación.

e) Transcurso del plazo señalado por el testador, por la ley y, en su caso, por los interesados sin prórroga del mismo. Finalmente, aunque el CC guarda silencio al respecto, la STS de 4 de febrero de 2.003 ha manifestado que el albaceazgo también se extingue por el cumplimiento de la voluntad del testador.

CAPÍTULO 8
LA SUCESIÓN INTESTADA Y LA SUCESIÓN CONTRACTUAL

1. LA SUCESIÓN INTESTADA

1.1. Concepto y caracteres

Conforme dispone el artículo 658 del CC "la sucesión se defiere por la voluntad del hombre manifestada en testamento, y, a falta de éste, por disposición de la ley. La primera se llama testamentaria y la segunda legítima. Podrá también deferirse en una parte por voluntad del hombre y en otra parte por disposición de la ley".

La sucesión legítima, también denominada sucesión intestada o *ab intestato*, en palabras de LACRUZ es "por regla general, una sucesión universal: la ley en ella nombre herederos y no legatarios, si bien -reconoce el propio autor- en temas de legítimas también previne alguna atribución a título particular...". Por nuestra parte, podemos definir la sucesión intestada como la sucesión hereditaria que se difiere por ministerio de la ley, cuando falten en todo o en parte los herederos testamentarios.

Se trata de un modo de suceder que se caracteriza por las siguientes notas:

1) Se trata por regla general, de una *sucesión universal*, pues en ella la ley nombra herederos, y no legatarios, incluso cuando sucede el Estado.

2) Es una *sucesión legal*, pues el llamamiento lo establece directa y exclusivamente la ley, sin intervención de la voluntad humana.
3) Es una *sucesión supletoria de la testamentaria*, pues sólo en defecto de disposición del causante tienen lugar los llamamientos legales, y por ende, en expresión de Lacruz, "de rango inferior a la sucesión voluntaria, a la que no se sobrepone nunca", tal y como se deduce explícitamente del artículo 658 CC.
4) Por último, es una *sucesión compatible con la sucesión testamentaria*, respecto de los bienes de los que no haya dispuesto el testador (artículo 658 CC).

1.2. Fundamento

En cuanto al fundamento de la sucesión intestada se han establecido diferentes debates y discusiones doctrinales, que se pueden resumir principalmente en dos posturas doctrinales enfrentadas. Por una parte, la sucesión intestada se identificaría con un testamento realizado por ley conforme a una presunta o supuesta voluntad del causante; en tanto que conforme a una segunda opinión doctrinal, en la sucesión intestada se dispone una orden sucesorio independiente del testamento, en el que la presumible voluntad del testador no responde sino a una mera especulación del legislador.

Por último no han faltado autores que han querido ver en la sucesión intestada -salvo en el supuesto excepcional de llamamiento del Estado- fundamentos de índole familiar, próximos al orden moral (RAMS ALBESA). El legislador, no habiendo dispuesto de los bienes el causante, y ante la necesidad de elegir herederos, dirige el llamamiento hacia los familiares, designándolos mediante el grado de parentesco. Así, presume que esos llamamientos vendrían a coincidir con la presunta voluntad del causante si hubiese otorgado testamento. En general, la preferencia entre los familiares se establece conforme al criterio tradicional de que el cariño primero desciende, luego asciende, y finalmente se expande, y conforme a ello, en primer lugar se llama a los descendientes, luego a los ascendientes, y finalmente a los colaterales, y en ocasiones, antes al cónyuge –tal y como sucede en nuestro sistema tras la reforma de 1981–.

Como recuerda Lacruz, en muchos ordenamientos jurídicos históricos se tiene en cuenta, junto a este criterio, el del origen de los bienes, a fin de que los de procedencia familiar permanezcan en la familia de donde venían, atendiendo para la sucesión en aquéllos a la proximidad de parentesco dentro del tronco o rama de origen con exclusión de los demás parientes.

El Código civil sigue con igual rigor que el Derecho romano, el sistema de las tres líneas, combinando la sucesión preferente de ascendientes y descendientes con la cuota usufructuaria del cónyuge viudo.

1.3. Referencia a los supuestos de apertura de la sucesión intestada

De lo previsto en el artículo 912 CC, se puede concluir que la sucesión legítima tiene lugar:

1º. "Cuando uno muere sin testamento, o con testamento nulo, o que haya perdido después su validez". A propósito de la segunda hipótesis planteada por el legislador puede fácilmente imaginarse que en la *mens legislatoris* se contemplan los casos en que por inobservancia de las formalidades legales y por falta de capacidad del testador el testamento es nulo; pero no se entienden comprendidos, sin embargo, los supuestos de nulidad sobre el fondo, a la que se refiere el segundo apartado. Y así, por "pérdida de validez", ha de entenderse a estos efectos, aquellos otros supuestos en los que el testamento debe cumplir para su eficacia formalidades complementarias que no se han dispuesto en los plazos previstos (Lledó Yagüé).

2º. "Cuando el testamento no contiene institución de heredero en todo o en parte de los bienes, o no dispone de todos los que corresponden al testador. En este caso, la sucesión legítima tendrá lugar solamente respecto de los bienes de que no hubiese dispuesto".

Por sí sola la ausencia de institución de heredero no provoca la apertura de la sucesión intestada, sólo cuando no comprenda toda la herencia y no se halla dispuesto de ellos a través de legados.

3º. Cuando falte la condición puesta a la institución de heredero, o éste muera antes que el testador, o repudie la herencia sin tener sustituto y sin que haya lugar al derecho de acrecer.

4º. Cuando el heredero instituido es incapaz de suceder.

En realidad, refiere LACRUZ que la enumeración resulta inútil e incompleta, ya que faltan en ella supuestos tales como la desaparición del testamento, la incapacidad de testar, la repudiación del heredero instituido ... Explica el citado autor que para que tenga lugar la delación intestada vale cualquier nulidad de testamento o institución voluntaria de heredero, sea por vicios materiales o formales, falta de capacidad, siempre que dé lugar a la ineficacia de la delación testamentaria o a su simple inexistencia (art. 913 CC).

1.4. Los sistemas de la delación intestada. Especial referencia al sistema del Código civil

Se han distinguido dos formas de sucesión *ab intestado* en los sistemas jurídicos: por un lado, el sistema real o troncal, que tiene en consideración junto con el parentesco la raíz familiar de los bienes (y que sólo es válido para la sucesión en el patrimonio troncal), y el exclusivamente personal, que estructura y organiza la sucesión considerando únicamente la proximidad de parentesco con el causante.

Respecto a los sistemas de troncalidad, significar que son llamados los parientes del propietario que introdujo el bien; se organiza la sucesión intestada conforme a este sistema en una pluralidad de sucesiones, ya que inicialmente se sucederá en los bienes que no tengan origen familiar, de acuerdo al principio de proximidad de parentesco, y por otro lado, se sucederá en los bienes de origen familiar por aplicación del principio de troncalidad.

Por su parte, el sistema personal de organización de la sucesión intestada acoge como principio único el criterio del parentesco.

Dentro de este sistema cabe diferenciar una doble posibilidad, a saber: la sucesión por el sistema de las tres líneas, o la sucesión por el sistema de parentelas. Del sistema de las tres líneas, destaca su fundamento en la presunta preferencia de afectos del causante en relación a sus familiares, de suerte que en primer lugar suceden sin límite de grado los descendientes del causante, con exclusión de los demás parientes; después, a falta de descendientes, suceden los ascendientes, de forma indefinida y finalmente los colaterales; dentro de cada línea se sucede por proximidad de grado con derecho de representación en línea recta y en algunos casos, en línea colateral.

Los sistemas de parentelas, de inspiración germánica, se caracterizan porque la sucesión no se articula exclusivamente en torno al principio de proximidad de parentesco, sino de estirpe; y así, el llamamiento intestado viene determinado en relación con el causante por la mayor proximidad al ascendiente común del causante y el llamado. Por ello, la primera de las parentelas a suceder sería la de los descendientes del causante y su prole; después la de los padres del causante y su prole; la tercera, la de los abuelos y su prole... Cada parentela excluye a las siguientes y es excluida por las anteriores.

Como anteriormente se ha señalado, el Código Civil ha acogido para el llamamiento a la herencia en la sucesión intestada el criterio de la proximidad del parentesco con el causante y específicamente el sistema de las tres líneas (reconociendo el derecho del cónyuge viudo a su cuota usufructuaria), sin tener en cuenta la naturaleza de los bienes y su procedencia, pues no admite el principio de troncalidad, con la salvedad del artículo 811 y 812 Cc.

Considerando lo dispuesto por el artículo 913 CC,"A falta de herederos testamentarios la Ley defiere la herencia a los parientes del difunto, al viudo o viuda y al Estado", queda claro cuáles son las relaciones que el legislador ha considerado en el llamamiento intestado. En primer lugar, la relación de parentesco; en segundo lugar, la matrimonial, y por último la de ciudadanía.

Se establecen, pues, tres clases de sucesores legales:

1) Los parientes, personas unidas al causante bien por vínculo de sangre, bien por vínculo adoptivo.
2) El cónyuge, llamado en consideración al vínculo matrimonial.

3) El Estado, cuyo llamamiento obedece a la participación de la sociedad en la formación de los patrimonios individuales.

Dentro de la clase de los parientes, se distinguen tres líneas: línea recta ascendente, la línea recta descendente, y la línea colateral, entre las que rige el principio de exclusión. Todas las personas de la línea recta ascendente integran el *orden ascendiente*, las de la línea recta descendente el *orden descendiente*, y las de la línea colateral integran el *orden colateral*. Cada uno de estos órdenes son llamados a la herencia de modo sucesivo y excluyente, sin perjuicio de la cuota de usufructo, que en concepto de legítima le corresponda al cónyuge viudo.

A su vez, la primera clase de parientes se divide en órdenes, según el criterio de la proximidad de parentesco, y así, "en las herencias, el pariente más próximo en grado excluye al más remoto, salvo el derecho de representación en los casos que deba tener lugar" (art. 921 CC).

Luego es norma fundamental en la sucesión intestada que el pariente más próximo en grado excluye al más remoto, con la única excepción del derecho de representación, en virtud del cual son llamados a la sucesión parientes de grado más remoto, en concurrencia con otros más próximos, ocupando el lugar que tendría un ascendiente o descendiente de los primeros, si viviera o pudiera heredar. Ahora bien, se admite en todo caso y sin limitación de grado en la línea recta descendente (art. 925.1°), y se admite de una manera restringida, en la línea colateral, pues sólo se concede la representación a los hijos de hermanos o medios hermanos (art. 925.2°), y esto cuando concurran con sus tíos, pues si concurren solos a la sucesión heredan por su propio derecho (art. 927); si bien, no se admite en la línea recta ascendente (art. 925.1°).

Ahora bien, debe tenerse en cuenta conforme al art. 923 Cc que repudiando la herencia el pariente más próximo, si es solo, o si fueran varios, todos los parientes más próximos llamados por la Ley, heredarán los del grado siguiente por su propio derecho y sin que puedan representar al repudiante. Esta norma debe interpretarse conjuntamente con lo previsto en el art. 929 CC, según el cual, no podrá representarse a una persona viva sino en los casos de desheredación o incapacidad, pero no de repudiación.

1.5. Del orden de suceder en el Código civil

La sucesión intestada se configura en el Código Civil a base de llamamientos que operan unos en defecto de otros, cuyo orden general es el siguiente:

1) Los descendientes.
2) Los ascendientes.
3) El cónyuge supérstite.
4) Los hermanos e hijos de hermanos.
5) Los demás parientes colaterales hasta el cuarto grado.
6) El Estado.

1. De la sucesión en línea recta descendente

De acuerdo con el art. 930 C.c. "La sucesión corresponde, en primer lugar, a la línea recta descendente", sin limitación de grado o generación. Los hijos y descendientes suceden "sin distinción de sexo, edad o filiación" (art. 931); por tanto, el llamamiento preferente es el de la línea recta descendente, heredando por igual los hijos matrimoniales, extramatrimoniales o adoptivos, así como sus descendientes.

Por otra parte, los hijos del difunto le heredarán siempre por derecho propio, dividiendo la herencia por partes iguales (art. 932). Luego, los nietos y demás descendientes heredarán por derecho de representación y si alguno hubiese fallecido dejando varios herederos, la porción que le corresponda se dividirá entre estos por partes iguales (art. 933 Cc). En consecuencia, los descendientes aunque herederos solo nietos o biznietos heredaran por estirpes, esto es, en el lugar de su ascendiente y sólo dentro de cada estirpe reparten por cabezas. Si concurren hijos con descendientes de otros hijos, los primeros heredan por derecho propio y los segundos por derecho de representación, es decir, por estirpes (art. 934).

2. *De la sucesión en línea recta ascendente*

"A falta de hijos y descendientes del difunto, le heredarán sus ascendientes" (art. 935). La sucesión corresponde entonces a la línea recta ascendente que integra el segundo orden sucesorio, en defecto siempre de parientes que pertenezcan a la línea recta descendente. Ha de tenerse en cuenta que en el llamamiento de los ascendientes el grado más próximo excluye al más remoto, sin excepción alguna, pues en línea ascendiente no se aplica el derecho de representación (art. 924).

Por ello, si el causante al fallecer deja padre y madre heredaran ambos por partes iguales (art. 936 Cc); en el caso de que sobreviva sólo uno de ellos, sucede al hijo en toda la herencia (art. 937 Cc). Si los padres han fallecido con anterioridad a la apertura de la sucesión, suceden los ascendientes más próximos en grado (art. 938 Cc). Si pertenecen a la misma línea, se divide la herencia por cabezas (art. 939 Cc), y si pertenecen a líneas diferentes, la mitad corresponde a la línea paterna y la otra mitad a la materna, dividiéndose dentro de cada una de ellas por cabezas (arts. 940 y 941 Cc). Por tanto, el ascendiente más próximo, de cualquiera de las líneas excluye a los parientes más lejanos.

3. *De la sucesión del cónyuge viudo*

"En defecto de los ascendientes y los descendientes, y antes de los colaterales, sucederá en todos los bienes del difunto el cónyuge sobreviviente" (art. 944). Esta disposición a favor del cónyuge viudo encuentra su antecedente en la Ley de 13 de mayo de 1981, y vino a mejorar la situación sucesoria del cónyuge viudo, que hasta entonces sólo sucedía en defecto de hermanos y sobrinos del causante.

No puede confundirse este llamamiento con el derecho que corresponde al cónyuge viudo por su cuota usufructuaria cuando en la sucesión intestada concurra con ascendientes o descendientes. Por ello, cuando no existan descendientes ni ascendientes, el cónyuge es sucesor abintestato y sucede en todos los bienes del difunto, como sucesor. Sin embargo, cuando existan descendientes o ascendientes, solo conserva el derecho a la cuota usufructuaria, concurriendo así la sucesión intestada y la sucesión forzosa.

Ahora bien, "n*o tendrá efecto el llamamiento si el cónyuge estuviera separado legalmente o de hecho*" (art. 945). Ha de tenerse en cuenta que la reconciliación de los cónyuges deja sin efecto ulterior lo dispuesto en el procedimiento de separación (art. 84), por lo que rehabilita el derecho sucesorio del cónyuge.

En todo caso, es imprescindible la existencia de un matrimonio válidamente celebrado. Si el matrimonio hubiese sido anulado antes del fallecimiento del causante, el cónyuge sobreviviente, aunque obrase de buena fe, carece de derechos hereditarios. Asimismo, la previa declaración de divorcio produce los mismos efectos de la nulidad, quedando los divorciados privados de su derecho a la herencia.

4. Sucesión en línea colateral

En defecto de ascendientes y descendientes, después del cónyuge sobreviviente, suceden los colaterales (art. 944 Cc). En primer lugar, el Código limita el llamamiento intestado a los colaterales hasta el cuarto grado; si bien dedica especial atención a la sucesión de hermanos y sobrinos, que como expresa el art. 946 Cc suceden al causante con preferencia a los demás colaterales.

Las normas para la sucesión intestada de los colaterales en el Cc implican que:

1. Si no existieren más que hermanos de doble vínculo o de sólo hermanos de vínculo sencillo heredarán por cabezas y por partes iguales (art. 947); pero, si concurren conjuntamente hermanos de doble vínculo y vinculo sencillo aquéllos tomarán doble porción que éstos en la herencia (art. 949).
2. Si concurren hermanos con sobrinos, hijos de hermanos de doble vínculo, los primeros heredan por cabezas y los segundos por estirpes. Luego, la herencia se divide en tantas partes como hermanos, incluido el que falte, ya que su parte, la reciben sus hijos, que la distribuirán por partes iguales.
3. Si concurren sólo sobrinos, heredan por partes iguales (art. 927).

4. No habiendo cónyuge supérstite, ni hermanos, ni hijos de hermanos, sucederán los demás parientes en línea colateral con el límite del cuarto grado (art. 954 C.c.). La sucesión entre estos colaterales se verificará sin distinción entre líneas, ni preferencias por razón del doble vínculo.

5. La sucesión del Estado

A tenor de lo dispuesto en el art. 956 Cc, "a falta de personas que tengan derecho a heredar conforme a lo dispuesto en las secciones precedentes, heredará el Estado". Así pues, en último lugar, cuando ya no existen parientes ni cónyuge, el Código civil llama a la sucesión al Estado.

En la actualidad, no cuestiona la doctrina que el Estado se configura como un verdadero heredero, y como tal sucede, por ser "único perceptor inmediato y liquidador del caudal relicto" (Lacruz), tal y como se deduce del Código civil, cuando señala que "*sus derechos y obligaciones serán los mismos que los de los demás herederos*" (art. 957), lo que pone de manifiesto que se trata de un verdadero llamamiento sucesorio a título universal. Ahora bien, este llamamiento presenta particularidades que han de tenerse en cuenta, y así suscita también controversia la responsabilidad del Estado como sucesor por la cargas y obligaciones derivadas de la herencia; a lo que el Código civil responde estableciendo que "se entenderá siempre aceptada la herencia a beneficio de inventario, sin necesidad de declaración alguna sobre ello, a los efectos que enumera el artículo 1023Cc"(art. 957).

Por otra parte, se prevé legalmente un destino forzoso los bienes de la herencia, de suerte que el Estado," realizada la liquidación del caudal hereditario, ingresará la cantidad resultante en el Tesoro Público, salvo que, por la naturaleza de los bienes heredados, el Consejo de Ministros acuerde darles, total o parcialmente, otra aplicación. Dos terceras partes del valor de ese caudal relicto será destinado a fines de interés social, añadiéndose a la asignación tributaria que para estos fines se realice en los Presupuestos Generales del Estado" (art. 956Cc).

Se pregunta la doctrina si cuando el Estado llamado como heredero, deberá necesariamente aceptar la herencia, o bien puede igualmente repudiarla. Ha negado LLEDÓ YAGÜE la posibilidad de renuncia, habida cuenta que el Estado siempre aceptará a beneficio de inventario, al tiempo que argumenta que la naturaleza y finalidad misma del llamamiento al Estado, más que reconocerle legalmente un derecho para que suceda en determinados bienes, le impone una obligación en atención al interés público o social, para que disponga de los bienes hereditarios. De admitirse la facultad de repudiar, los bienes tendrían que quedar sin propietario, circunstancia que no parece admisible en el Derecho civil español, y nuevamente retornarían al Estado al quedar vacante. Asimismo, que el propio tenor literal del art. 956 Cc y su carácter imperativo–"heredará el Estado" y "la herencia se entenderá siempre aceptada"- vienen a confirmar el carácter obligatorio de esta sucesión.

Finalmente, exige el art. 958 Cc que "para que el Estado pueda tomar posesión de los bienes y derechos hereditarios habrá de preceder declaración administrativa de heredero, adjudicándose los bienes por falta de herederos legítimos." Entonces, la adquisición ipso iure de la herencia no faculta al Estado para el apoderamiento de los bienes hereditarios, será precisa, por el contrario, la declaración administrativa de heredero (art. 56.4 de la Ley del Notariado).

2. LA SUCESIÓN CONTRACTUAL

2.1. Antecedentes históricos

Como recuerda Rivas Martínez, en el Derecho romano desde la época clásica las numerosas limitaciones y prohibiciones aparecen contrarias a los pactos; la libertad de testar se entendía incompatible con la sucesión contractual, habida cuenta que ésta impediría la manifestación posterior de una nueva voluntad testamentaria. Así, pues, el contrato sucesorio fue considerado en el Derecho Romano contrario a las buenas costumbres y, por tanto, nulo. De igual forma, los pactos "non succedendo", o de renuncia a la herencia futura, y los de "hereditate tertii" se hallaban prohibidos en el Digesto.

Ello no obstante, tal y como asegura CASTAN, el Derecho romano admitió numerosas excepciones al principio general prohibitivo de los pactos sucesorios, considerando válidos, entre otros: la división de los bienes realizada por el padre entre sus hijos y descendientes; el pacto recíproco de sucesión entre militares, o la donación mortis causa.

Las orientaciones y principios del Derecho Romano contarios a los pactos sucesorios fueron acogidas por el Derecho civil español a través de Las Partidas, que prohibieron con carácter general las disposiciones sobre la herencia futura. Claro que en citado cuerpo legal se reconocían excepciones similares a las que se había previsto en el propio Derecho romano, tales como: la distribución por el padre del caudal sucesorio entre sus sucesores legítimos, la mutua sucesión entre los militares... También en las Leyes de Toro se admitieron los pactos sucesorios respecto de las mejores (Ley 17 y 22).

Estos antecedentes, sin duda, influyeron decisivamente en el Código civil, que por un lado establece una norma general prohibitiva de los pactos sucesorios (art. 1271 Cc), por otro lado, prevé la posibilidad excepcional de establecer pactos sucesorios en relación con la mejora (art. 826 y 827 C.c.)

2.2. Fundamento y concepto de la sucesión contractual

La delación voluntaria de la herencia puede adoptar la forma de testamento o de contrato. En este último caso se habla de sucesión contractual, considerando como tal, en un sentido amplio, cualquier pacto que tenga por objeto la totalidad o parte del patrimonio hereditario de una persona viva, ya intervenga en el convenio, ya sea extraña al mismo. Así, la sucesión contractual se identifica con pacto sucesorio, esto es, todo acuerdo limitativo de la facultad dispositiva *mortis causa*, por la que, participando o no la persona a cuya sucesión se refiere, se llama o excluye a uno de los otorgantes o a un tercero de dicha sucesión aún no abierta.

Ahora bien, en un sentido estricto, se entiende por sucesión contractual el acuerdo por el que una persona confiere a otra un derecho hereditario sobre sus bienes, o un heredero presunto renuncia a sus derechos hereditarios en la sucesión de la otra parte. En este sentido, habrá sucesión contractual, cuando la ordenación del fenómeno hereditario se produce total o parcialmente mediante un contrato.

Considera ROCA SASTRE que frente al testamento que es revocable hasta el mismo momento del fallecimiento del otorgante, en la sucesión contractual se ofrece una situación de estabilidad y garantía al instituido, que podrá dedicarse –a juicio del citado jurista– a la conservación y mejora del patrimonio familiar, sin la incertidumbre de beneficiar a terceros con su dedicación.

En contra de esta opinión, se han invocado por la doctrina, entre otros, los siguientes inconvenientes:

a) El pacto sucesorio, al ser irrevocable, supone un ataque a la libertad de testar, que debe permanecer intacta hasta el mismo momento de la muerte del causante.

b) Puede poner en peligro la vida del causante, pues puede ocurrir que el favorecido desee su fallecimiento, por el interés de hacer efectivo lo antes posible su derecho hereditario.

Sin embargo, frente a estos argumentos parte de la doctrina ha esgrimido otros, que unidos a la realidad económica y social han dado lugar a que en el momento actual se hayan admitido, al menos desde la perspectiva doctrinal, y no sin ciertas limitaciones en el ámbito legislativo, los pactos sucesorios, invocando, entre otros, el siguiente argumento: al ser irrevocable, es un incentivo para el instituido, en tanto que tiene la seguridad de que finalmente será el heredero de un patrimonio que ya viene administrando. Al mismo tiempo, constituye un medio de conservación de los patrimonios familiares, pues el familiar favorecido, tras su dedicación al mismo, tiene la seguridad de que alcanzará la gestión su patrimonio.

Finalmente, puede apreciarse actualmente en la doctrina española un estado de opinión mayoritariamente favorable a los pactos sucesorios como forma de ordenar la sucesión, lo que ha animado a los autores a pronunciarse a favor de una modificación de los criterios legislativos contrarios a la institución de la sucesión contractual (CASTÁN, RAMS ALBESA entre otros).

Los pactos de no suceder

Son acuerdos en los virtud de los cuales una de las partes renuncia a los derechos que por cualquier título pudieran corresponderle en la herencia de la otra parte, renuncia que al ser aceptada por ésta, es vinculante para el que la hizo –así, por ejemplo, un heredero legitimario renuncia a su porción hereditaria–.

Estos pactos pueden ser onerosos o gratuitos, y no son propiamente una forma de sucesión contractual, pues la herencia a la que se refiere la renuncia no es la del renunciante, sino la de la otra parte negocial, y los efectos de la renuncia se producirán en vida del renunciante.

Pactos sobre la herencia de un tercero

Son los que celebran varios herederos presuntos sobre la herencia de un tercero, y por los que se dispone de los bienes que pueden recibir de su herencia, bien entre ellos, bien entre ellos y un extraño.

Tampoco implica una verdadera sucesión contractual, pues el tercero no interviene en el contrato, sino sólo los hipotéticos herederos. Se trata de un pacto celebrado entre varios sucesores sin intervención del causante para repartirse su herencia mientras todavía vive, y la generalidad de las legislaciones lo consideran inmoral.

Pactos de suceder

Ha expresado SAMPER que "cualquier acto perfectamente bilateral y –por tanto irrevocable– que tenga por fin de alguna manera regular el destino del patrimonio de una persona viva después de la muerte de ésta, sea a título universal, sea a título singular, constituye un pacto sucesorio"; a tenor de esta definición, se amplía la consideración de pacto sucesorio a las donaciones inter vivos en cuanto constituyan anticipos hereditarios.

Estos pactos sucesorios pueden ser constitutivos, cuando se establece un derecho sucesorio a favor de persona no llamada ni por ley ni por testamento anterior; o conservativos, cuando se establecen derechos sucesorios a favor de personas llamadas por otro título. A su vez, en ambas modalidades de pactos, se puede establecer la institución de heredero o simplemente atribuir bienes singulares. Así, también pueden distinguirse pactos de mutua sucesión, aquellos en los que las partes se instituyen recíprocamente herederos; y pactos sucesorios de institución a favor de tercero, o a favor de la otra parte, pero sin reciprocidad (CASTRO LUCINI).

Finalmente, con carácter general, la doctrina les atribuye la naturaleza de un negocio jurídico "mortis causa", cuyo objeto es regular las relaciones jurídicas patrimoniales de una de las partes para después de su muerte; se dice que poseen carácter vinculante para el disponente, y que no se puede alterar unilateralmente la regulación establecida. Sólo podrá dejarla sin efecto mediante la celebración de un nuevo negocio entre los mismos sujetos que intervienen en primero; y se afirma que no resulta necesario que los sujetos intervinientes en el pacto sucesorio sean precisamente los favorecidos. Una vez fallecido el disponente les corresponderá manifestar su voluntad de aceptar o repudiar no ya el pacto celebrado válidamente, sino la delación contractual a su favor.

2.3. Manifestaciones de la sucesión contractual en el Código civil

El código civil siguiendo el criterio anteriormente expuesto de los antecedentes históricos del Derecho Romano y de la mayoría de las legislaciones latinas, mantiene un criterio contrario a la admisión de la sucesión contractual, si bien excepcionalmente contempla algunos supuestos particulares en que admite esta forma de sucesión.

El principio general de prohibición de la sucesión contractual

En efecto, conforme al art. 1271.2° Cc, "sobre la herencia futura no se podrá, sin embargo, celebrar otros contratos que aquéllos cuyo objeto sea practicar entre vivos la división de un caudal y otras disposiciones particionales conforme a lo dispuesto en el artículo 1056".

De este precepto se desprende que el CC declara de manera expresa la nulidad de los pactos sobre la sucesión futura, con la excepción de los contemplados en el artículo 1056. Ahora bien, este último precepto no se refiere a contrato sucesorio alguno, ni en el supuesto en el contemplado los futuros sucesores dividen entre sí la herencia de una persona todavía viva, o una herencia que deba recaer forzosamente en ellos. Contempla un acto unilateral del causante que es revocable y que ha de acomodarse a lo dispuesto en el testamento del que recibe su fuerza (entre otras, STS 29 de octubre de 1960). De ahí que el contenido del artículo 1271 CC conlleve, en principio, la prohibición de todos los pactos sucesorios, de acuerdo con el criterio general de revocabilidad esencial de las disposiciones testamentarias que inspira su normativa.

Siguen este mismo criterio contrario a la sucesión contractual diversos preceptos del CC, entre los que destaca el profesor LACRUZ, que la donación no podrá comprender los bienes futuros (art. 635), al mencionar solamente la sucesión testada e intestada (art. 658), al declarar nula la transacción o renuncia sobre la legítima entre el que la debe y sus herederos forzosos (art. 816), al disponer que nadie puede aceptar o repudiar sin estar cierto del fallecimiento del causante (art. 991), al excluir de la sociedad universal los bienes que los socios adquieran en el futuro por herencia (art. 1674).

Excepciones en el código civil favorables a la sucesión contractual

No obstante el criterio general prohibitivo contenido en el artículo 1271.1 CC, existen en el CC algunas disposiciones que, en mayor o menor medida, desvirtúan el principio prohibitivo de la sucesión contractual.

Así, no están afectadas por la prohibición legal, las donaciones de bienes futuros para el caso de muerte, hecha por los esposos en capitulaciones. El artículo 1341.2º CC establece que "por razón de matrimonio podrás los futuros esposos donarse ante del mismo, en capitulaciones matrimoniales, bienes futuros para el caso de muerte, aunque sólo en la medida marcada por las disposiciones referentes a la sucesión testada". Es opinión mayoritaria de la doctrina que este precepto encierra un supuesto de sucesión contractual (Lacruz), pues se admite la validez de las donaciones *mortis causa*, realizadas en capitulaciones, con el límite previsto por las disposiciones referentes a la sucesión testada, es decir, respetando las legítimas de los herederos forzosos. En efecto, mantiene el citado jurista que la donación es irrevocable, ya que si bien el art. 1341 Cc remite a las normas sobre sucesión testada, se puede considerar que dicha remisión lo es a efectos de delimitar el importe máximo de la donación y no para regular los caracteres de ésta que son los propios de un acto inter vivos y no los de una disposición testamentaria. Cierto es, sin embargo, que no han faltado autores que niegan el carácter vinculante o irrevocable de estas donaciones, argumentando a este respecto que se trata de una donación mortis causa ordinaria sin vinculación contractual (Sánchez Román).

Asimismo, las promesas de mejorar y no mejorar constituyen una de las hipótesis más claras de sucesión contractual en nuestro CC, pues se admite la validez de la promesa de mejorar o no mejorar, con o sin entrega de bienes, que será irrevocable siempre que se haya hecho en capitulaciones matrimoniales o por contrato con un tercero (arts. 826 y 827).

Por último, se contemplan otros supuestos en que si bien no se regula una verdadera sucesión contractual, se prevén meras derogaciones a la regla general prohibitiva del artículo 1271.1° Cc. Así, se pueden citar entre otras: el pacto de reversión de la donación a favor de tercero (art. 641); el pacto capitular por el que se delega al cónyuge viudo la facultad de mejorar a los hijos comunes (art. 831) o la dispensa de colación.

CAPÍTULO 9
LA ENAJENACIÓN O CESIÓN DE LA HERENCIA

1. CUANDO SE PUEDE HABLAR DE ENAJENACIÓN DE HERENCIA Y CUALES SON LAS CARACTERÍSTICAS DEL CONTRATO

Explican Díez Picazo y Gullón que, el heredero puede disponer de los bienes concretos que componen la herencia, de la cuota que en la misma le corresponde por haber sido llamado a ella con otro o con otros, o del patrimonio que ha heredado como un todo, «sin enumerar las cosas de que se compone», como dice gráficamente el art. 1.531 Cc.

Lo primero que hay que tener en cuenta es que no debe tratarse de herencia futura, pues el art. 1.271.2.º Cc prohíbe contratar sobre la misma.

Dejando al margen este supuesto, pensamos como Albaladejo que una vez abierta la sucesión, es decir, desde que la herencia está causada, es enajenable, aun antes de la delación, porque ya no es herencia futura.

Describamos gráficamente distintos supuestos:

1) Antonio, que aún vive, instituye heredero universal a Jacobo, y éste, «vende sus derechos» a Godofredo.

En este caso, no hay un supuesto de transmisión de herencia, puesto que el causante vive, y obviamente no ha habido todavía apertura de la sucesión, con lo que la venta a la sazón, sería un contrato de herencia futura prohibido por el párrafo segundo del art. 1.271 Cc.

2) Antonio, ya fallecido, instituyó heredero a Jacobo y éste entrega –ex post obitum– a Godofredo sus derechos hereditarios.

Este es el prototipo de ejemplo de enajenación de herencia, ya que se trata de una herencia *in actu*, y *a fortiori* en el ejemplo se trata de una delación pura. Hablamos de «derechos hereditarios» si bien, queremos aludir con ellos estrictamente a los derechos patrimoniales contenidos en la herencia. Obsérvese que el contrato no es la herencia *in toto*, puesto que el vendedor no puede transmitir su título de heredero, al devenir éste personalísimo, ni tampoco el adquirente puede catalogársele de sucesor universal del causante, entre otras razones porque la transmisión es *inter vivos* y no *mortis causa* como la del causante al heredero, y además, el título es *uti singuli* y no *uti universalitatis*.

3) Antonio, también fallecido en este caso, instituyó heredero condicional a Jacobo –la condición no se ha cumplido y por tanto, no ha habido delación– y éste enajena lo que pudiese recibir de esta herencia si con el cumplimiento de la condición llega a ser *heredero*.

En este supuesto de lo que se trata es de si es enajenable una herencia *sub conditione*. En nuestra opinión, una vez abierta la sucesión, aunque no se haya producido efectivamente la delación, cabe proyectar la enajenación de la herencia, entre otras razones por el propio tenor del art. 816 Cc («toda renuncia o transacción sobre la legítima futura entre el que la debe y sus herederos forzosos es nula, y éstos podrán reclamarla cuando muera aquél...»). Con lo que una vez fallecido el *de cuius* cabe renunciar o transigir sobre la legítima, y a mayor abundamiento, enajenar, ceder o permutar los derechos patrimoniales insitos en el *relictum*.

4) Antonio fallece y el llamado a su herencia (Jacobo) enajena su *ius delationis* a Godofredo.

En este supuesto, como explica García Cantero, aunque se haya producido la enajenación, el contrato no puede versar sobre el *ius delationis* pues por el hecho de cederlo se entiende aceptada la herencia (art. 1.000.1.° Cc). De este modo, el supuesto se reconduce a la hipótesis general.

5) Antonio (fideicomitente) fallece designando fiduciario a Luis y fideicomisario a Jacobo. Este último, enajena su derecho hereditario en los bienes fideicomitidos a Godofredo.

Este caso, entendemos que sí es conceptuable como transmisión de herencia, aunque se trate de un supuesto de herencia causada aunque no adquirida por el fideicomisario. Es más, no sólo en la hipótesis normal de fideicomiso, sino incluso en la de fideicomiso de residuo puesto que razonando a tenor de la aleatoriedad existente, el adquirente puede verse afectado en lo que reciba finalmente.

Por otra parte, en cuanto a las características del contrato, el que tratamos es un contrato aleatorio, puesto que el contenido «patrimonial» de la herencia que se transmite es incierto, sin que afecte esta incertidumbre a la existencia del contrato, sino a lo que recibirá el adquirente. Además, es una adquisición a título singular de un conjunto de bienes o derechos patrimoniales transmisibles, sin que pueda entenderse transmitida en ningún caso la condición de heredero, pues esta es inalienable.

En otro orden de consideraciones, es doctrina unánime que la enajenación de la herencia requiere título y modo. El título abarca la totalidad de los bienes vendidos, y supone obligación de reembolsar la totalidad de las deudas, mientras que la transmisión de cada bien, así como la asunción de cada deuda necesitan para perfeccionarse de un acto de cumplimiento que será diferente según la naturaleza de cada objeto. La tradición instrumental podrá tener lugar en un mismo instrumento para todas las cosas y todos los derechos reales hereditarios que sean susceptibles de ella (cfr. arts 1.462 y 1.464 Cc).

En cuanto a la *forma* del contrato de compraventa de herencia (aunque caben también otras modalidades dispositivas como cesión, permuta, transacción, etc.), no está sujeta a forma solemne. Establece el art. 1.280.4.° Cc que «deberá constar en documento público: la cesión, repudiación y renuncia de los derechos hereditarios...», con lo cual es evidente que se comprende del mismo modo, la enajenación de herencia. Sin embargo, sabemos que la plasmación en documento público, es a los meros efectos *ad probationem* no *ad solemnitatem.* Por lo tanto, la forma no está incluida entre los requisitos constitutivos del acto, por lo que una vez que haya contrato (una vez que hubiere intervenido el consentimiento y demás requisitos necesarios para su validez *ex* art. 1.279 Cc), es cuando habrá que cumplir con el requisito de forma si así lo demanda cualquiera de los contratantes.

2. MOMENTO EN QUE DEBE SER REFERIDO EL CONTENIDO DE LA HERENCIA

Señala el art. 1.533 Cc que «si el vendedor se hubiese aprovechado de algunos frutos o hubiese percibido alguna cosa de la herencia que vendiere, deberá abonarlos al comprador, si no se hubiese pactado lo contrario». A esto añade el art. 1.534 Cc que, «el comprador deberá, por su parte satisfacer al vendedor todo lo que éste haya pagado por las deudas y cargas de la herencia y por los créditos que tenga contra la misma, salvo pacto en contrario».

Como podemos observar, *in mente legislatoris* se tiende a reconstruir el caudal relicto tal como éste existía en el momento del fallecimiento del causante, considerando que en el preciso instante de la apertura de la sucesión se hubiese celebrado el contrato de venta de herencia entre el heredero y el adquirente. Naturalmente, nada obsta que las partes contratantes reconstruyan la situación del acervo hereditario en un momento distinto.

Se produce una auténtica subrogación real, ya que el trasmitente ha de entregar al adquirente todo lo que aquél hubiese recibido del contenido de la herencia que ahora enajena, cede, etc.

3. RESTITUCIÓN DE LOS FRUTOS: MEJORAS Y LA REGLA DE LA SUBROGACIÓN REAL

Debemos partir de la consideración general según la cual la obligación de dar cosa determinada comprende la de entregar todos sus accesorios, aunque no hayan sido mencionados.

En virtud del art. 1.533 Cc, tal como hemos visto, hay una obligación de entrega por parte del heredero de todos los rendimientos y utilidades producidos por los bienes.

En cuanto a los frutos, ha de entenderse todo beneficio o rendimiento que con propia sustantividad se deriva de la utilización o explotación de una cosa. Consiguientemente, el adquirente tendrá derecho a los frutos naturales, industriales o civiles que hubiesen producido los bienes hereditarios; si bien aquél, como contrapartida, deberá abonar al heredero vendedor los gastos hechos por éste para su producción, recolección y conservación (ex art. 356 Cc).

No parece, atendiendo al contexto y la filosofia subyacente en los artículos dedicados a la venta de la herencia, que el vendedor asimismo tuviese que abonar los frutos dejados de percibir de los bienes hereditarios, puesto que sería tratar al heredero cual si fuese un poseedor de mala fe, y por otro lado, no debe olvidarse que es propietario, de suerte que en ningún caso estará obligado a entregar los frutos *negiacti o percipiendi.* No se olvide, finalmente, que la razón legitimadora del art. 1.533 Cc es evitar el posible enriquecimiento injusto por parte del heredero que vende, cede, permuta, transige los bienes de la «herencia».

Con relación a las impensas y mejoras, debe estimarse la situación del heredero enajenante como la del poseedor de buena fe.

Entendemos, por tanto, que de las «mejoras naturales» (las provenientes de la naturaleza o del tiempo) se beneficiará exclusivamente el adquirente o comprador (v.gr. por analogía el art. 456 Cc), siguiendo el destino de la cosa enajenada sin tener que abonar nada a cambio. A mayor abundamiento, entendemos que el adquirente tampoco estará obligado a abonar las mejoras que hayan dejado de existir al adquirir los bienes hereditarios (arts. 458 y 1.468 Cc).

En relación a las «mejoras necesarias», si bien no se busca deliberadamente un aumento de valor sino conservar la cosa procurando evitar su deterioro o destrucción, es lógico razonar que se le deberán abonar al heredero vendedor el importe de las mismas. No obstante, entendemos que el adquirente podrá optar, bien por satisfacer el importe de los gastos, o bien, por abonar el aumento de valor que por ellos haya adquirido la cosa.

En cuanto a los «gastos de puro lujo o mero recreo» por aplicación del art. 454 Cc, diremos que no son abonables al heredero (cedente o vendedor) aunque podrá éste llevarse los adornos con que hubiese embellecido la cosa principal, si no sufriere deterioro, salvo que el «sucesor en la posesión» prefiera abonar el importe de lo gastado.

4. PÉRDIDAS, DETERIOROS Y EL SANEAMIENTO POR EVICCIÓN ¿RESPONDE EL VENDEDOR?

En cuanto a la pérdida de las cosas, el criterio que debemos seguir es el de que no se responde por la pérdida o destrucción anterior a la venta, ya que al ser el heredero a la sazón propietario, la pérdida o destrucción o perecimiento de la cosa casual o culpable, será a cargo o riesgo suyo. También el mismo criterio debe regir para la pérdida de los bienes hereditarios incluso después, siempre que no hubiese mediado dolo (*vid.* art. 457 Cc).

Del mismo modo, en relación con los deterioros (salvo en caso de dolo) no responde el heredero (cedente o vendedor) ya que es propietario, y el deterioro o el aumento es riesgo o beneficio suyo. Como dicen Díez Picazo y Gullón, el estado de las cosas, apreciable por el comprador, ha debido influir en la fijación del precio.

Finalmente, ¿responde el vendedor por evicción de los bienes hereditarios? Nada dicen los arts. 1.531 y 1.533 Cc objeto de análisis. Aunque puede sostenerse que el art. 1.531 Cc excluye implícitamente la responsabilidad por saneamiento, ya que expresamente sólo le impone al heredero (cedente o vendedor) a que responda de su condición o carácter de heredero. En conclusión, el heredero (vendedor o cedente) no responderá por evicción ni por vicios ocultos de las cosas que componen la citada herencia, salvo pacto en contrario

5. LAS DEUDAS HEREDITARIAS Y LA POLÉMICA EN TORNO A LA «ASUNCIÓN DE DEUDAS»

Señala el art. 1.534 Cc que «el comprador deberá, por su parte, satisfacer al vendedor todo lo que éste haya pagado por las deudas y cargas de la herencia y por los créditos que tenga contra la misma, salvo pacto en contrario».

A nuestro juicio, no se dan correlativamente, como ha razonado algún sector doctrinal, dos negocios coligados, uno de venta y otro de asunción de deudas.

El heredero vendedor no se desprende de su condición de deudor, ésta compete exclusivamente al heredero. Explica Lalaguna (cuyo punto de vista aceptamos completamente) que la designación de la herencia como materia del contrato de venta ha de ser entendida de acuerdo con la naturaleza del contrato del cual es objeto, y, por tanto, sin la precisa significación jurídica que tiene la herencia como objeto de sucesión a título universal. El comprador, ni es heredero ni asume la posición jurídica del heredero, por lo que se debe concluir que no es responsable de las deudas y cargas de la herencia.

No obstante, si bien nuestro Código civil no regula la institución de la asunción de deuda puede decirse que tampoco la excluye ni la prohibe, por lo que podrá convenirse que es dable utilizar las disposiciones referentes a la novación de las obligaciones por cambio en la persona del deudor. A tal efecto podríamos definir la asunción de deuda como aquel convenio por el cual un tercero con *asentimiento del acreedor,* toma a su cargo una obligación preexistente, constituyéndose como deudor único, liberando al anterior y contrayendo la responsabilidad patrimonial universal que proclama el art. 1.911 Cc.

En fin, esta asunción de deuda se adquiere del consentimiento expreso del acreedor, bastando que lo manifieste en cualquier forma y momento, pero de modo cierto e indudable, sin que pueda presumirse (STS de 29 de septiembre de 1984), si bien la propia jurisprudencia ha admitido que el consentimiento va implícito en el hecho de reclamar el pago al nuevo deudor (STS de 16 de noviembre de 1981, entre otras). Por ello, cabría admitir una asunción liberatoria del deudor primitivo –heredero (cedente o vendedor)– cuando, habiéndose pactado la asunción de deudas, los acreedores reclaman la deuda al nuevo deudor, esto es el adquirente o cesionario.

Finalmente, podemos preguntarnos si la responsabilidad es *pro viribus hereditatis,* es decir, si se limita la responsabilidad del comprador hasta el valor de los bienes hereditarios que compró. Compartimos la opinión de Albaladejo en cuanto que del posible riesgo de tener que pagar más que lo que toma debe cubrirse el comprador, o cerciorándose antes de que no es así, o estableciendo las oportunas cláusulas protectoras en el contrato de compraventa. En otro caso, corre el peligro que le crea una posible herencia pasiva como se lo crearía cualquier contrato aleatorio (*vide* STS de 9 de octubre de 1962).

6. LOS EFECTOS EN CASOS ESPECIALES Y LA ENAJENACIÓN DE CUOTA HEREDITARIA

Tenemos que preguntarnos qué ocurre cuando una vez celebrada la venta, el heredero, cuya cualidad es inalienable, es favorecido con un acrecimiento, o se absorben legados en la masa hereditaria, o se produce una sustitución vulgar o fideicomisaria a su favor, o bien una colación.

Nos parece que en primer lugar habrá que estar a lo pactado, es decir, a lo que sobre estos extremos estipularan las partes. En el supuesto de que nada se hubiese dicho en el contrato de venta o cesión creemos que todo lo que es aumento de la herencia debe pertenecer al comprador, así, por ejemplo, las cuotas acrecidas y los legados que por ineficaces se reabsorben en el caudal relicto. Repárese que el heredero ha enajenado o cedido todos los derechos patrimoniales transmisibles.

Igualmente, por lo que respecta a la colación, también entendemos que se trata de un incremento o aumento de la herencia de la que debe beneficiarse el comprador.

Sin embargo, en lo que recibe en concepto de sustitución vulgar o fideicomiso, al tratarse de una delación distinta y no propiamente de un aumento de la herencia vendida o cedida, no debe beneficiarse el comprador. Si bien, a éste no se le impedirá demostrar, si es que puede, que lo realmente querido era vender las dos cuotas del heredero.

En relación a la venta de la cuota de la herencia, su admisibilidad se colige del tenor de los arts. 1.531, 1.000 y 1.067 Cc. Además, aplicando la regla *ad maiore ad minus*, es obvio que si se permite enajenar la herencia, *a fortiori* se debe admitir la venta de una cuota de la herencia tanto por el heredero único, como por aquel que concurre con otros.

Por otra parte, la enajenación o cesión de la cuota a un extraño, permitirá utilizar a los restantes coherederos el derecho de retracto *ex* art. 1.067 Cc. Dicho precepto regula el derecho de retracto para el caso de que alguno de los coherederos vendiera a un extraño su derecho hereditario antes de la partición, dando a entender que lo que puede enajenarse, antes de la partición, es el derecho hereditario, mas no el derecho sobre cosas concretas y determinadas en la herencia.

CAPÍTULO 10
LA ACCIÓN DE PETICIÓN DE HERENCIA

1. LA ACCIÓN DE PETICIÓN DE HERENCIA. CONCEPTO Y NATURALEZA JURÍDICA

El Código civil no regula unitariamente la acción de petición de herencia, sino que alude a ella incidentalmente (*vide*, arts.1.021 Cc, 1.016 Cc y 192 Cc).

A modo de explicación inicial, podemos conceptuar la petitio hereditatis como la acción que compete al heredero (testamentario o abintestato), contra quien posea la herencia en concepto de heredero aparente. Por ejemplo, el verdadero heredero reclama la herencia (o parte de los bienes componentes del haber hereditario) de quien es indigno y está poseyendo los bienes, o frente a quien ostentaba un título de heredero inválido al haberse revocado el testamento de quien traía causa.

Como dice Jordano, resulta que heredero aparente es todo aquel que posee la herencia en concepto o calidad de heredero, y como tal se comporta de facto sin serlo de iure, ya proceda de buena o mala fe. La cualidad de heredero aparente deriva sobre todo de la opinión o concepción general en que es tenido a consecuencia de su conducta externa como poseedor inequívoco, pacífico y público de la herencia. En una palabra, heredero aparente es el que posee como si fuese heredero y puede ser de buena fe o de mala fe.

En fin, se pretende por parte del heredero real, el reconocimiento de su cualidad y condición de heredero y por tanto, que se le restituya la pertenencia de los bienes hereditarios (bien el conjunto

–*universus ius*–, o bien parte de los mismos) con sus frutos y accesiones, por parte de quien siendo poseedor no es heredero realmente, o simplemente sin título de dominio se niega a entregarle los bienes.

En todos estos casos, quien pida ser declarado heredero, y en consecuencia que le sea entregada la herencia, cuando lo hace está ejercitando la acción de petición de herencia, ya que ésta consiste en la reclamación de los bienes hereditarios que se apoya en ser heredero de los mismos. La razón (indignidad, preterición, desheredación injusta, invalidez del testamento, improcedencia del auto de declaración de heredero intestado) por la que se alega que no es realmente heredero el demandado, sino el demandante, no cambia la acción ejercitada, sino que atañe simplemente a la justificación del derecho alegado.

En cuanto a la naturaleza de la acción de petición, se discute si es una acción real al poder ejercitarse contra terceros –poseedores–, o bien una acción mixta (personal y real).

Resumiendo las distintas teorías vamos a comenzar por aquéllas que definen esta acción como mixta, en tanto en cuanto conjugan por un lado la importancia del elemento o factor personal, cual es el reconocimiento de la condición de *heres,* y por otro su aspecto real, esto es, la vindicación de los bienes del *relictum* (BAUDRY LACANTINERIE Y WAHL).

A nuestro juicio, este razonamiento no es concluyente. Por ejemplo, en la acción reivindicatoria se reclama una cosa patrimonial, pero, implícitamente, tiende a hacerse valer la cualidad del propietario en el demandante. Por otro lado, el Código no emplea esa denominación, calificando a unas acciones de personales y a otras de reales, pero a ninguna de acción mixta.

Si se admitiese, pues, que la acción de petición de herencia es una acción mixta, con la misma razón podría sostenerse que eran de esa clase las acciones que protegen un derecho de crédito o un derecho real. Al reclamar con éstas el bien patrimonial respectivo, se reclama porque se es acreedor o porque se es titular de un derecho real (TRAVIESAS).

En conclusión, como se afirma en la sentencia de la Audiencia Provincial de Asturias de 24 de abril de 1990, «si bien es cierto, como señalan sectores muy autorizados de nuestra doctrina, que la división entre una u otra clase de acciones no tiene sentido preciso respecto a la petición de herencia, la Jurisprudenia ha venido calificándola reiteradamente como acción real, en base al carácter universal de la acción (SSTS de 18-V-32, 12-IV-51, 12-XI-53 y 25-X-63), o lo que es lo mismo, en la consideración de la petición de herencia como una *vindicatio hereditatis*, y el derecho hereditario de donde dimana como un derecho de naturaleza real, o por lo menos, de carácter absoluto».

Por último, podemos destacar las diferencias entre la acción que analizamos y las acciones reivindicatoria y de partición de herencia.

En cuanto a la primera, se distingue de la acción reivindicatoria:

a) Por el fin, porque, mientras el fin de la acción reivindicativa es el reconocimiento del derecho de propiedad sobre una cosa determinada, el de la petición de herencia es el reconocimiento de la cualidad de heredero (*vide* STS de 21 de diciembre de 1990 y de 21 de junio de 1993).

b) Por la prueba, porque, mientras el actor en la reivindicatoria debe probar, no sólo la propia adquisición de la cosa que reivindica, sino también la adquisición legítima de sus anteriores causantes; al actor en la petición de herencia le basta que pruebe su cualidad hereditaria.

Por otro lado, se distingue, también de la acción de partición de la herencia. Esta supone ya probada la cualidad hereditaria y tiende a obtener la asignación de los bienes a los que se tiene derecho, en virtud de esa cualidad. La acción de petición de herencia, es pues, previa a la acción de partición. Pueden acumularse las dos acciones en el mismo juicio, pero, para pedir la división de los bienes es preciso probar antes la cualidad hereditaria.

2. LEGITIMACIÓN ACTIVA Y PASIVA EN LA PETITIO HEREDITATIS

Legitimado *activamente* para interponer la acción de petición de herencia, será el heredero real (testamentario o abintestato e incluso heredero contractual, si es el caso). Según SCAEVOLA también están legitimados el comprador, donatario o cesionario de todo o parte de la herencia.

Uno de los problemas que se derivan de la legitimación activa, es si estarán legitimados los herederos condicionales, el fiduciario, fideicomisario, instituido a término, etc. A tal efecto, resumiendo lo más sustancial podemos establecer las siguientes conclusiones:

a) El *heredero sometido a condición suspensiva* estará legitimado cuando se cumpla la condición, ya que es en este momento cuando tiene efectividad la delación.

b) Tratándose de *heredero sometido a condición resolutoria,* estará legitimado antes que se cumpla la condición, ya que será a partir del cumplimiento de la condición cuando dejará de ser heredero (retrotrayendo estos efectos al momento del fallecimiento del causante).

c) Para los supuestos de *herederos fiduciarios y fideicomisarios,* hay que entender legitimados activamente al heredero fiduciario hasta el momento de abrirse la postsucesión, y al heredero fideicomisario, una vez que se le haya deferido la postsucesión.

d) En cuanto a los *herederos sometidos a término inicial o final,* en el primer caso estará legitimado cuando llegue el término, y en el segundo caso, hasta que llegue el plazo.

e) En cuanto al *legitimario,* parece que es evidente su legitimación cuando sucede como heredero bien por disposición del causante o de la ley (SANCHO REBULLIDA).

f) En cuanto a los *coherederos,* siguiendo a CANO ZAMORANO habrá que distinguir los siguientes casos:

   1. Si demandan todos los coherederos de forma mancomunada. No hay problema alguno, porque su situación es igual a la del heredero único.
   2. Si se ha practicado ya la partición de la herencia. Cada uno podrá ejercitar la acción por la cuota que le haya correspondido; la misma situación se dará en el supuesto de que haya sido el coheredero instituido *ex re certa.*
   3. Si la comunidad hereditaria está todavía en situación de

indivisión. En este supuesto la cuestión que verdaderamente plantea problema es la siguiente: ¿puede el coheredero cuando la herencia está aún indivisa ejercitar la acción *pro parte*, únicamente en beneficio propio, pidiendo su cuota hereditaria y olvidándose del resto de los coherederos?

g) En relación al *albacea*, parece que en principio se le debe negar el ejercicio de dicha acción, ya que uno de los requisitos constitutivos en su planteamiento, es que el actor resulte heredero y el albacea no lo es.

h) En cuanto al cesionario, como con razón apunta CRISTÓBAL MONTES, si la cesión implica la de todo el contenido económico de la herencia, es natural y lógico que comporte el ejercicio de la acción de petición de herencia.

i) Por otra parte, ¿estarán legitimados activamente los *ascendientes* en el supuesto del art. 812 Cc? A juicio de SIMO SANTOJA, la acción procedente es de carácter especial reivindicatorio. CASTÁN, por su parte, entiende que se trata de una reversión legal o retorno sucesorio que implica una sucesión excepcional o anómala independiente de la sucesión ordinaria del Código civil.

j) En cuanto al *administrador de la herencia*, si es al mismo tiempo heredero, estará legitimado activamente para ejercitar la acción. Si no es heredero, la cuestión es muy debatida, pareciéndonos más acertada una respuesta afirmativa (SANCHO REBULLIDA, CANO ZAMORANO).

Legitimados *pasivamente*, son quienes poseen los bienes hereditarios bien alegando también título de heredero, o bien porque tienen la posesión sin argüir a su favor título alguno, limitándose a negar o reconocer la titularidad hereditaria del reivindicante (SSTS de 18 mayo de 1932, 12 de noviembre de 1953 y 21 de junio de 1993).

En relación con la cuestión de la posible legitimación pasiva para los herederos del heredero aparente, el T.S. ha admitido la legitimación de estos (STS de 28 enero 1892). Asimismo, trayendo a colación el art. 442 Cc por argumentación analógica, estarán legitimados pasivamente si se demuestra que conocían que su causante poseía sin título o era impugnable.

Respecto al *possessor iuris*, es decir el deudor del causante que reconoce el crédito de éste, pero se niega a pagar al demandante, por considerarse él como heredero o por negar que lo sea el actor, algunos autores (LACRUZ, ROCA SASTRE) admiten la legitimación pasiva cuando se debate la cualidad del actor y no la existencia del crédito.

Por otro lado, a nuestro parecer, no es *conditio sine qua non* probar, como cuestión previa en el ejercicio de la acción, que se ha aceptado la herencia, entre otras razones porque en todo caso el ejercicio de la acción revela inexcusablemente una tácita aceptación, ya que el planteamiento de la demanda es un acto en sí mismo que supone necesariamente la voluntad de aceptar, o que no habrá derecho a ejecutar si no es con la cualidad de heredero (*vide* art. 999.3.º Cc).

Señalar por último, que la acción no procederá contra el poseedor a título singular (por ejemplo, donatario, comprador, etc...), ya que en su caso, habría que acudir a las acciones correspondientes. El título singular será objeto de excepción a probar por el demandado que lo alegue.

3. LA PRESCRIPCIÓN DE LA ACCIÓN

Señala el art. 1.930.2.º Cc que «también se extinguen del propio modo por la prescripción los derechos y las acciones, de cualquier clase que sean». Por su parte, el art. 192 Cc (referido a la ausencia) parece declarar la prescriptibilidad de la acción de petición de herencia entre los coherederos, cuando literalmente expresa que «lo dispuesto en el artículo anterior (cuando se abre una sucesión a la que está llamado el ausente, su parte acrecerá a los coherederos al no haber persona con derecho propio para reclamarla) se entiende sin perjuicio de las *acciones de petición de herencia* u otros derechos que competan al ausente, sus representantes o causahabientes», añadiendo que «estos derechos no se extinguirán sino por el transcurso del tiempo *fijado para la prescripción*».

El problema estriba no tanto en la posibilidad de ejercicio de la acción, sino en la duración del plazo para poder ejercitarla, que no lo explicitan los citados preceptos. Las posiciones doctrinales oscilan desde la imprescriptibilidad para algunos, a la prescriptibilidad quincenal o trentenal.

El Tribunal Supremo se ha decantado mayoritariamente por entender aplicable la prescripción trentenal basándose en el criterio según el cual la reclamación de entrega de los bienes no es una petición que se haga a título singular de bienes individualizados y aislados, sino que por reclamarse toda una masa hereditaria con todo su activo y su pasivo, constituye el ejercicio de la acción de un *universum ius*, es universal y por ende puede ejercitarse durante treinta años (entre otras, *vide* SSTS de 12 de noviembre de 1965, 7 de enero de 1966 y 2 de junio de 1987).

En cuanto al momento de computar la prescripción de la acción, a tenor de lo preceptuado en el art. 1.969 Cc, «se contara desde el día en que pudieron ejercitarse». En el caso que analizamos será desde que hubo posesión efectiva del «tercero» en los bienes hereditarios.

En consecuencia con lo expuesto, el momento inicial de la prescripción extintiva no es el del fallecimiento del causante –a tenor de lo prescrito en los arts. 657 y 661 Cc– sino aquel en que el poseedor «aparente» comienza a poseer los bienes hereditarios con ánimo de hacerlos suyos «exteriorizando su intención de hacerlos propios, titulándose dueño de los mismos, comportándose como tal y negando a los demás el carácter de heredero que invocan» (vide SSTS de 23 de diciembre de 1971 y de 2 de junio de 1987).

Otra de las cuestiones íntimamente relacionadas con el ejercicio de la acción de petición de herencia son las situaciones que pueden enervar o debilitar el reconocimiento de la cualidad de heredero por parte del demandante, es decir ver frustrado su título sucesorio. Sabemos que el actor debe probar la muerte o declaración de fallecimiento, su cualidad de heredero y que las cosas reclamadas son hereditarias y poseídas por el demandado. Esto sentado, el reconocimiento de su cualidad de heredero puede devenir inoperante, incluso sin haber transcurrido el plazo de ejercicio de la acción petitoria. Ello ocurrirá en las hipótesis de indignidad, o nulidad del testamento (dolo, violencia, fraude) si el actor deja transcurrir los plazos preclusivos al efecto, es decir, en el primer caso, cinco años, y en el segundo, quince (arts. 762 y 673 Cc) para reclamar al indigno o al instituido en testamento impugnable. La pasividad en el ejercicio de estas acciones sucesorias condicionará la ejercitabilidad posterior de la acción de petición de herencia.

A nuestro entender, el *possessor pro herede* tiene una posesión de los bienes «en concepto de dueño», es decir, una tenencia unida a la intención de haber la cosa como suya, que le legitima para adquirir por usucapión al no estar desprovisto del *animus domini* (arts. 447 y 1.963.2.º Cc). Por otro lado, coincidimos con ALBALADEJO en cuanto a que el punto de inflexión hay que situarlo comprendiendo que el heredero que ejercita la petición de herencia no podrá recobrar o hacer que le sean satisfechos sino aquellos bienes o derechos para los que la otra parte no tenga una razón singular que justifique la no devolución o cumplimiento. Es decir, en nuestra opinión el plazo de treinta años de la *petitio hereditatis* puede quedar desvirtuado por la usucapión por el heredero aparente en un plazo menor, aunque dicho poseedor deberá haber fundado su posesión en título diferente, por ej., una venta (con título aparente) del causante al poseedor.

4. LAS RELACIONES ENTRE EL HEREDERO REAL «VERSUS» EL HEREDERO APARENTE, Y LOS TERCEROS ADQUIRENTES

Explica LACRUZ, que entre el heredero real y el aparente, una vez que aquél ha conseguido ganar el pleito de petición de herencia, y por tanto, que se declare su mejor derecho a los bienes del causante y la obligación del heredero aparente de entregárselos, ha de producirse una liquidación que fijará el caudal relicto a entregar, objetos subrogados que han venido a integrarlo, deducciones e indemnizaciones. A estos efectos, como a los de adquisición de los frutos, deterioros y pérdidas, mejoras e impensas, se aplicarán las normas de la posesión, complementadas con las del cobro de lo indebido considerando como poseedor de buena fe al sucesor que cree ser tal, cualquiera que sea el título por el que suceda.

Vamos a exponer sucintamente el estado de la cuestión. En este sentido, habría que distinguir:

a) Relaciones entre el heredero real y el heredero aparente

1. *Si el heredero aparente es de mala fe,* se le equipara al usurpador, no pudiendo influir en su favor la circunstancia de tener un título cuando el conocía sus vicios. Además, hay que tener presente que la posesión de buena fe se convierte en de mala fe desde la interposición de la demanda.

El heredero aparente de «mala fe» es aquel que no ignora que en su título o modo de adquirir exista vicio que lo invalide (vide arts. 433 y 1.950 Cc). En fin, como dice JORDANO BAREA, quien ha entrado en la posesión de la herencia como heredero sin ningún título (real o, por lo menos, supuesto), con un título simulado (por ejemplo, un testamento falsificado), o con un título cuyos vicios conocía y, por último, quien posea alegando un error de hecho o de derecho, y por lo tanto, un título putativo, si en contra de él se demuestra su dolo, o la culpa grave por tratarse de error inexcusable.

En este caso, debe restituir: 1) Todos los bienes hereditarios, respondiendo del deterioro o pérdida en todo caso, y aún de los ocasionados por fuerza mayor, ya que maliciosamente ha retrasado la entrega de la cosa al poseedor legítimo (art. 457 Cc); 2) Todos los frutos percibidos y los que el heredero hubiese podido percibir (art. 455 Cc); 3) Todas las sumas (con sus intereses) cobradas en pago de los créditos hereditarios; 4) El valor (no sólo el precio obtenido) de los bienes y derechos hereditarios enajenados que no se pueden ya reivindicar.

En cuanto a la restitución, es obvio que la acción, al dirigirse contra un poseedor de los bienes hereditarios implica necesariamente la aplicación de las normas de la posesión en cuanto a la liquidación del estado posesorio, como asimismo por argumentación a simili las normas del cobro de lo indebido.

2. *Si el heredero aparente es de buena fe,* se le aplican los principios de la posesión de buena fe.

Por consiguiente, debe restituir: 1) Los bienes hereditarios; pero no responde del deterioro o pérdida de las cosas poseídas, sino en el caso de que haya procedido con dolo (art. 457 Cc); 2) De los frutos debe restituir sólo los obtenidos después de la interposición de la demanda (art. 451 y ss. Cc); 3) Debe restituir cuanto ha cobrado o recibido en pago de los créditos hereditarios; pero también aquí, los frutos e intereses sólo desde el día de la demanda; 4) Si enajenó de buena fe bienes o derechos hereditarios, que el heredero real no puede ya reivindicar, se deberá restituir el precio recibido, o cederle las acciones para conseguirlo.

Afirma Jordano Barea, con gran precisión, que es *possessor pro herede* de buena fe quien se comporta como heredero poseyendo la herencia en dicho concepto. Es decir, si ignora los vicios que le afectan y se trata de un error excusable ya sea de hecho o de derecho.

b) Relaciones entre el heredero verdadero y los terceros adquirentes

El principio es que las enajenaciones realizadas a título oneroso y con buena fe por parte de los adquirentes, deben quedar a salvo y no podrán ser impugnadas. Sí podrán ser impugnadas, en cambio, las hechas a título gratuito o con mala fe en los adquirentes (De Diego).

Tratándose de enajenaciones de bienes *muebles*, para que resulten irreivindicables se precisa la concurrencia de diversos requisitos. En primer lugar, que el heredero aparente *possessor pro herede,* y a la sazón enajenante, posea a título de dueño (art. 448 Cc). Este *possessor pro herede* que posee en concepto de dueño, tiene a su favor la presunción legal de que posee con justo título, y no se le puede obligar a exhibirlo. En segundo lugar, como explica Jordano, que se opere la tradición como requisito formal de la adquisición y de la buena fe. En tercer lugar, debe darse la buena fe en el tercer adquirente, es decir, el ánimo y la creencia de estimar, sin lugar a dudas, que la contraparte que le enajenó la cosa era realmente su titular dominical (*vid.*, art. 464 Cc). Finalmente, como concluye Jordano, la posesión del adquirente, porque ésta es la que le legitima como titular frente a todos y enerva la acción reivindicatoria del heredero real.

Cuando se trata de enajenaciones de bienes inmuebles, habrá que tener presente el art. 28 de la L.H., que establece que «las inscripciones de fincas o derechos reales adquiridos por herencia o legado, no surtirán efecto en cuanto a tercero hasta transcurridos dos años desde la fecha de la muerte del causante. Exceptuándose las inscripciones por título de herencia testada o intestada, mejora o legado a favor de herederos forzosos». Por consiguiente, si después de transcurridos dos años desde la fecha de la muerte del causante, siguen los bienes en poder de los herederos voluntarios según el Registro, los que se consideren con mejor derecho, pueden reclamar y obtener dichos bienes, puesto que los herederos voluntarios no son terceros; pero si los herederos voluntarios han enajenado su derecho, estando los bienes en poder de terceras personas, y han transcurrido dichos dos años, los herederos de mejor derecho no pueden obtener restitución de los bienes, puesto que el derecho de los terceros se ha hecho firme. Por lo que se refiere a los herederos forzosos, mientras estos tengan en su poder los bienes, según el Registro, los herederos de mejor derecho pueden obtener la restitución de los mismos; pero, si aquéllos enajenaron sus bienes y están inscritos a nombre de terceras personas, como la inscripción en este caso produce efectos desde su fecha, el heredero de mejor derecho no podrá obtener del tercero la restitución de dichos bienes.

Efectivamente, en este último caso nos encontraríamos de frente con la protección que el art. 34 L.H. otorga al tercero de buena fe, en nuestro caso adquirente o comprador del heredero aparente que inscribió su título y enajenó a aquél los bienes, que a su vez inscribió. En fin, los requisitos necesarios que exige el art. 34 L.H. aplicables a nuestro supuesto de hecho son los siguientes:

a) Inscripción del heredero aparente (es decir, los bienes pertenecen a persona que según el Registro puede realizar la transmisión).

b) Transcurso de dos años desde la muerte del causante (circunstancia esta que no sería aplicable cuando los herederos inscritos son «forzosos»).

c) Enajenación a título oneroso.

d) Que el adquirente «tercero hipotecario» haya procedido de buena fe, al creer que la persona que le vendió la finca era dueño de ella y podía transmitirle el dominio.

e) La inscripción del adquirente.

De este modo, merced a la fe pública registral, las inscripciones quedan reforzadas de una protección de veracidad de la realidad que proclama el Registro. Así pues el tercero que de buena fe a título oneroso adquiere algún derecho de quien en el Registro aparece con facultades para transmitirlo se halla cubierto de «cualquier ataque que contradiga la adquisición de su derecho», aunque se declarase nulo el acto por el que adquirió de quien figuraba como titular registral.

No obstante, el *verus dominus* (en nuestro caso heredero real) si bien pierde su titularidad real sobre los bienes que adquirió el «tercero», conserva las acciones personales pertinentes para dirigirse contra el heredero aparente (y causante del despojo) para su efectivo resarcimiento.

5. PRUEBA Y CONSTANCIA REGISTRAL DEL DERECHO DEL HEREDERO O COHEREDERO

La forma más común y sencilla de probar la condición de heredero será aportar la copia del testamento en el que aparece instituido, o bien el auto de declaración de herederos (si el causante falleció intestado), o también, en su caso, el contrato sucesorio (*vide* art. 14 L.H.).

Para el caso que el causante no hubiese otorgado testamento, los herederos abintestato que sean descendientes del finado podrán obtener la declaración de *su derecho* justificando debidamente el fallecimiento de la persona de cuya sucesión se trate y su parentesco con la misma, con la certificación del Registro General de Ultima Voluntad, y con la información testifical de que dicha persona ha fallecido sin testar, y mediante la referida información, que ellos solos, o en unión de los que designen, son sus únicos herederos.

En cuanto a la inscripción del derecho hereditario sucintamente diremos que tanto para la inscripción del derecho hereditario, que se hace a instancia de cualquiera de los interesados, así como para la inscripción de una participación, no se requiere indispensablemente la aceptación de la herencia.

Si es heredero «único» y no hay ningún interesado con derecho a legítima, ni tampoco comisario o persona autorizada para adjudicar la herencia, el título de la sucesión, acompañado de los documentos a que se refiere el art. 16 de L.H., bastará para inscribir directamente a favor del heredero los bienes y los derechos de que en el Registro era titular el causante.

Cuando son varios los herederos, a tenor de lo dispuesto en el art. 46 L.H., «cuando no se haga especial adjudicación a los herederos de bienes concretos, cuotas o partes indivisorias de los mismos (en lo cual se refiere a la comunidad hereditaria) sólo podrá ser objeto de anotación preventiva. Esta anotación preventiva podrá ser solicitada por cualquiera de los que tengan derecho a la herencia o acrediten un interés legítimo en el derecho que se trate de anotar».

BIBLIOGRAFÍA

PARA LA DELACIÓN TESTAMENTARIA, CLASES DE TESTAMENTO, ALBACEAZGO E INEFICACIA DEL TESTAMENTO

ALBALADEJO GARCÍA, Manuel: Dos aspectos de la partición hecha por el testador. A.D.C., I-III, julio-septiembre 1948.

— Los cambios introducidos en el art. 665 por la Ley de modificación del Código civil en materia de testamentos, *RDP*, 1992, pp. 715 y ss.

— La ocupación del cargo de albacea. Revista de Derecho Notarial, abril-junio 1956.

— Extinción del albaceazgo. Comentarios de la Ley del Notariado. Núm. III, vol. II, Madrid, 1962.

— La responsabilidad del albacea. Estudios de Derecho Civil en honor al profesor Castán Tobeñas. Edic. Universidad de Navarra, Pamplona, 1969.

— El albaceazgo en el Derecho español. Editorial Tecnos, 1969.

ALPAÑÉS DOMÍNGUEZ, Enrique: La delegación de la facultad de mejorar. Revista General de Legislación y Jurisprudencia. Tomo XXVI-3, año 1953.

— Albaceazgo de realización y albaceazgo de entrega. R.D.P., diciembre 1964.

ÁLVAREZ ÁLVAREZ, Henar: "Incidencia de las crisis matrimoniales en el Derecho de sucesiones". *Act. Civ.* 2006-II, pp. 1525- 1554.

ALVAREZ LATA, Natalia, "Comentario a los artículos 662 a 666 del Cc." en *Comentarios al Código civil*, 2° edición. Coordinados por Rodrigo Bercovitz-Cano, Thomson-Aranzadi, Navarra, 2006, pp. 843 y ss.

ANGOITIA GOROSTIAGA, Víctor: "Testamento ológrafo epistolar revocatorio de previo testamento notarial". *CCJC*, n° 75, 2007, pp. 1279- 1292.

BELTRÁN DE HEREDIA Y ONÍS, "Incapacidad para testar del que habitual o accidentalmente no se halla en sano juicio", *RDP*, 1963, pp. 247 y ss.

BLANCO: Albaceas mancomunadas. Revista General de Legislación y Jurisprudencia, 1908.

CABRERA HERNÁNDEZ, J.: El albacea en Derecho Común y en la Compilación catalana. R.J.C., julio-septiembre, 1967.

CAPILLA RONCERO, Francisco: "Nulidad e impugnabilidad del testamento. Algunas consideraciones sobre el régimen de ineficacia del testamento inválido". *Anuario de Derecho Civil* nº1 1987, pp. 3- 88.

CARRIÓN OLMOS, Salvador, "Comentario a la sentencia de 19 de septiembre de 1998", *CCJC,* núm. 49, 1999, pp. 231 y ss.

CASANUEVA SÁNCHEZ, Isidoro C.: La nulidad parcial del testamento. Madrid. Editorial Centro de Estudios Registrales, 2002, 261 págs.

— "La acción de nulidad de testamento: concepto y ejercicio". *Anuario de la Facultad de Derecho de Extremadura,* nº 16, 1998, pp. 347- 356.

CASASÚS HOMET, Emilio: La representación respecto a los derechos hereditarios al hijo adoptivo en la herencia del adoptante. Revista de Derecho Notarial, núms. 29-30, 1960, pág. 213.

— La renuncia al albaceazgo. Revista de Derecho Notarial, núm. 67, 1970, pág. 31

DELGADO ECHEVERRÍA, Jesús: "Nulidad. Testamento en peligro inminente de muerte. Incongruencia. Falta de acción. Absolución en la instancia". *CCJC,* nº 2, 1983, pp. 499- 508.

DOMINGUEZ LUELMO, Andrés, "Comentario a la STS de 10 de febrero de 1994", *CCJC,* núm. 35, 1994, pp. 539 y ss.

FERNÁNDEZ DEL MORAL DOMÍNGUEZ, Lourdes: *Autonomía privada y testamento en Derecho común.* Comares, Granada, 1996.

FERNÁNDEZ DOMINGO, Jesús Ignacio: "Nulidad de testamento otorgado en inminente peligro de muerte. Comentario a la Sentencia del Tribunal Supremo de 27 de junio de 2000". *Actualidad civil,* nº 2, 2002, pp. 657- 668.

FERNÁNDEZ HIERRO, José Manuel: Los testamentos. Granada. Editorial Comares, 2005 (Segunda edición), 846 págs.

FERNÁNDEZ PIERA, Álvaro: "Ineficacia de disposiciones sucesorias", en GARRIDO MELERO, Martín: *Instituciones de Derecho Privado,* tomo V, vol. 2º. Thomson-Civitas, 2005, pp. 992-995.

GALICIA AIZPURÚA, Gorka: "Testamento en peligro inminente de muerte. Injustificada falta de intervención notarial y subsiguiente nulidad". *CCJC* nº 70, 2006, pp. 593- 604.

GARCÍA-RIPOLL MONTIJANO, Martín, "Comentario a la sentencia de 20 de mayo de 1994", en *CCJC,* núm. 36, 1994, pp. 1051 y ss.

GARROTE FERNÁNDEZ-DÍEZ, Ignacio: El testamento viciado por preterición no intencional del Código Civil y en los Derechos Civiles Forales. Granada. Editorial Comares, 2004, 304 págs.

GÓMEZ CALLE, María Esther: El error del testador y el cambio sobrevenido en las circunstancias existentes al otorgamiento del testamento. Cizur Menor (Navarra). Editorial Civitas, 422 págs.

GÓMEZ YSABEL, J.: Problemas fundamentales del ejercicio del albaceazgo. Editorial Reus. Madrid, 1963.

GORDILLO CAÑAS, Antonio, "Comentario a la STS de 18 de marzo de 1988", *CCJC*, núm. 16, 1988, pp. 209 y ss.

— "El error en el testamento". *ADC*, nº 3, 1983, pp. 747- 816. - "La absoluta inimpugnabilidad del testamento en vida del testador", en GONZÁLEZ PORRAS, José Manuel y MÉNDEZ GONZÁLEZ, Fernando P.: Libro Homenaje al Profesor Manuel Albaladejo García, vol. 1, 2004, pp. 2195- 2210.

HORNERO MÉNDEZ, César: "Nulidad de testamento en peligro de muerte. Comentario a la STS de 27 de junio de 2000". *Revista de Derecho Patrimonial* nº 7, 2001, pp. 411- 418.

JORDANO BAREA, Juan Bautista: El testamento y su interpretación. Granada. Editorial Comares, 1999, 192 págs.

LACRUZ BERDEJO Y SANCHO REBULLIDA: Derecho de sucesiones, conforme a las Leyes de 13 de mayo y 7 de julio de 1981. Librería Bosch, 1988.

— *Elementos de Derecho civil, V, Sucesiones,* 3 ªed revisada y puesta al día por Joaquín Rams Albesa, Dykinson, Madrid, 2007, pp. 161 y ss.

LLEDÓ YAGÜE, Francisco, *Compendio de Derecho civil. Derecho de sucesiones.* Tomo V, Dykinson, Madrid, 2004, pp.73 y ss.

LLEDÓ YAGÜE, Francisco / FERRER VANRELL, María Pilar / TORRES LANA, José Ángel. *El Patrimonio Sucesorio. Reflexiones para un debate reformista.* Tomo I y tomo II. Edit. Dykinson, Madrid, 2015.

LLEDÓ YAGÜE, Francisco / FERRER VANRELL, María Pilar / TORRES LANA, José Ángel / ACHÓN BRUÑÉN, María José. *Estudio sistemático de la Ley de Jurisdicción Voluntaria. Ley 15/2015 de 2 de julio.* Edit. Edit. Dykinson, Madrid, 2016.

LÓPEZ SÁNCHEZ, Cristina.: Testamento vital y voluntad del paciente: (conforme a la Ley 41/2002), de 14 de noviembre). Madrid. Editorial Dykinson, 2003, 241 págs.

LOUZAO, E.: Albaceas. Anomalías jurídicas. R.D.P., 1915.

MARTOS CALABRUS, María Angustias: Las solemnidades del testamento abierto notarial. Granada. Editorial Comares, 2000, 318 págs.

MONSERRAT VALERO, Antonio: "El error vicio en el testamento (legado de un cuadro de que, después de la muerte del testador, se descubre su gran valor)". *RDP* octubre 2000, pp. 764- 789.

O´ CALLAGHAN MUÑOZ, Xavier: Código Civil comentado y con jurisprudencia. Las Rozas (Madrid). Editorial La Ley, 2008 (6ª edición), págs. 703- 744.

OSSORIO MORALES, Juan: *Manual de sucesión testada.* Comares, Granada, 2002.

PÉREZ ESCOLAR: El albaceazgo y la empresa bancaria. Revista de Derecho Mercantil, núm. 88, año 1963.

PIZARRO MAQUEDA, María José: Sucesión testada, intestada y contractual. Cizur Menor (Navarra), Editorial Aranzadi, 2006 págs. 114-150.

PUIG FERRIOL, Lluis, "Comentario a los arts. 662 a 666 Cc.", en *Comentario del Código civil,* ed. Ministerio de Justicia, Madrid, 1993, pp. 1668 y ss.

— Comentarios al Código Civil. Artículos referidos al albaceazgo, Ministerio de Justicia, Madrid, 1991

— El contador-partidor dativo. A.D.C., tomo XLI (julio-septiembre), 1958.

— El albaceazgo. Barcelona, 1967.

RIVAS MARTÍNEZ, Juan José: *Derecho de sucesiones común y foral*, tomo I. Madrid, Dykinson, 4ª ed., 2009.

— *Derecho de Sucesiones común y foral*, Tomo II, vol. 2 4ª edición Dykinson, Madrid, 2009.

— El testamento abierto otorgado ante Notario después de la Ley de 20 de diciembre de 1991. Madrid. Editorial Dykinson, 1993, 114 págs.

ROCA TRIAS, Encarna, "Comentario al art. 665 Cc.", en *Comentarios a las reformas del Código civil desde la Ley 21/197, de 11 de noviembre, a la Ley 30/1991, de 20 de diciembre*, Coordinados por Rodrigo Bercovitz-Cano, Tecnos, Madrid, 1993, pp.947 y ss.

RODRÍGUEZ ADRADOS, Antonio: "El tratamiento de las nulidades formales del testamento abierto". *Revista Jurídica del Notariado*, nº 62, 2007, pp. 273- 298.

ROMERO COLOMA, Aurelia María, "Capacidad para testar e hipoacusia del testador" *RCDI*, núm. 706, 2008, pp. 785 y ss.

— El testamento ológrafo. Estudio doctrinal y jurisprudencial. Madrid. Editorial Dijusa, 2006, 160 págs.

ROMERO PAREJA, Agustín: El testamento en España: nuevas tecnologías y formas testamentarias. Madrid. Ediciones Cinca, 2007, 199 págs.

SEOANE SPIGELBERG, José Luis: "La nulidad del testamento otorgado por quien habitual o accidentalmente no se encuentra en su cabal juicio". *La Ley*, nº 1, 1996, pp. 1663- 1667.

SIERRA GIL DE LA CUESTA, Ignacio, GONZÁLEZ POVEDA, Pedro: Derecho de Sucesiones. Las Rozas (Madrid). Editorial La Ley, 2006, 421 págs.

TORRES GARCÍA, Teodora F.: "Disposiciones testamentarias y vicisitudes del matrimonio". *Estudios de Derecho civil. Homenaje al Profesor Francisco Javier Serrano García.* Universidad de Valladolid, 2004, pp. 9- 34.

VAQUER ALOY, Antonio: "Testamento, disposiciones a favor del cónyuge y crisis del matrimonio". *ADC* enero- marzo 2003, pp. 67- 100.

VIDAL PÉREZ, M. F., CASTILLO RIGABERT, F.: Formularios de actos, negocios y contratos. Las Rozas (Madrid). Editorial La Ley, 2003, págs. 367-379.

PARA LA SUCESIÓN TESTAMENTARIA (HEREDEROS, SUSTITUCIONES Y LEGADOS)

ALBALADEJO GARCÍA, M., *Artículos 858 a 891 del Código Civil*, en ALBALADEJO GARCÍA, M. (dir), *Comentarios al Código Civil y Compilaciones Forales*, Tomo XII, Vol. 1º, 2ª ed., Madrid, Edersa, 2008.

ALBALADEJO, Las sustituciones fideicomisarias puras, a término y condicionales: sus límites, aceptabilidad o repudiabilidad, el momento de la delación fideicomisaria y la expansión del derecho del fiduciario o del fideicomisario, en R.D.P., 1979, págs. 519 y ss., y 641 y ss.

ALBALADEJO, M., *Curso de Derecho Civil,* T. V, *Derecho de sucesiones,* Edisofer, Madrid, últ. edic.

ALBALADEJO, Sustituciones hereditarias, Oviedo, 1956.

ALONSO PÉREZ, M., "Sobre el legado y sus rasgos esenciales", en CABANILLAS SÁNCHEZ, A. (coord.), *Estudios Jurídicos en homenaje al profesor Luís Díez-Picazo,* Vol. 4, 2002, pp. 5107-5123.

ÁLVAREZ CAPEROCHIPI, La sustitución fideicomisaria de residuo, en R.D.P., 1975, págs. 171 y ss.

ÁLVAREZ VIGARAY, R., "La distribución de toda la herencia en legados", *Revista General de Legislación y Jurisprudencia,* tomo L, 1965, pp. 677 y ss.

AMORÓS GUARDIOLA, M., "El legado de cosa gravada", en *Estudio de Derecho civil en homenaje al profesor J. Beltrán de Heredia y Castaño,* Salamanca, 1984, pp. 37-68.

ARIAS RAMOS, S., Fideicomisos y leyes caducarios. I) Resistencia social a la legislación demográfica de Augusto. El fideicomiso medio apto para la resistencia. II) Las dos tendencias. Predominio del fideicomiso. III) Nueva etapa en la pugna. Intento de cierre del portillo: el Senado Consulto Pegasiano. IV) El fideicomiso táctico. V) medidas contra la colaboración de los fiduciarios: Senado Consulto Planciano. Interpretación restrictiva del mismo. VI) Un último baluarte de la resistencia.

ASÚA GONZÁLEZ, C.I., "19 de mayo de 1992. Legado de cosa del heredero o legatario: irrelevancia del conocimiento por parte del ordenante de la ajeneidad del objeto. Alegación del Derecho de la Tierra de Ayala", *Cuadernos Civitas de Jurisprudencia Civil,* N° 29, 1992, pp. 575-583.

CLEMENTE DE DIEGO, F., El fideicomiso de residuo. Constituye este traspaso una recesión de la conferencia pronunciada por el inminente civilista y catedrático de la Universidad Central, Don Felipe Clemente de Diego, en la inauguración del curso académico 1926-1927, sobre el fideicomiso de "eod supererit" en el Derecho Romano. Se resume el trabajo en la siguiente forma: I) Fijación del tema. II) Fideicomiso. III) Residuo. IV) Facultades dispositivas del fiduciario. V) Adquisición.

COSTA, Il fedecommesso di residuo, 1908.

CREHUET, P., La Notaría, núms. 1 y 2. 1948, pp. 99-112 (Res. AD.C.2. 1949, 719).

CREHUET, P., Sustituciones fideicomisarias. El fideicomiso en caso de abintestato.

CRESPO ALLUE, F., "El legado de alimentos", *Revista Crítica de Derecho Inmobiliario,* N° 570, 1985, pp. 1245-1291.

DE LOS MOZOS, J.L., "La adquisición de la posesión en los legados", *Anuario de Derecho Civil,* Vol. 15, N° 4, 1962, pp. 865-920.

DEL POZO CARRASCOSA, P., "Legado de cosa específica. Suplemento de legítima. Frutos e intereses: compatibilidad", *Cuadernos Civitas de Jurisprudencia Civil,* Nº 12, 1986, pp. 3917-3923.

DÍAZ CRUZ, M., *Los legados,* Madrid, Ed. Reus, 1951.

DÍEZ-PICAZO, L. y GULLÓN BALLESTEROS, A., *Sistema de Derecho Civil,* vol. IV, Ed. Tecnos, Madrid, últ. edi.

DOMÍNGUEZ LUELMO, A., "18 de marzo de 1991. Legado de casa perteneciente al testador, al gravado y al beneficiario del legado. Legado de cosa ajena. Disposición testamentaria de bienes gananciales. Comunidad postmatrimonial indivisa y partición en la que se incluyen bienes de naturaleza ganancial", *Cuadernos Civitas de Jurisprudencia Civil,* Nº 25, 1991, pp. 337-347.

ECHEVARRÍA DE RADA, T., "La revocación del legado por enajenación de la cosa legada durante la vacatio testamenti", en GÓMEZ GÁLLIGO, F.J. (coord.), *Homenaje al profesor Manuel Cuadrado Iglesias,* Vol. 2, 2008, pp. 1563-1586.

FONT BOIX Y DE LA ESPERANZA MARTÍNEZ-RADIO, El fideicomiso de residuo eo quod supererit y si quid supererit, en Estudios de Derecho privado bajo la dirección de DE LA ESPERANZA MARTÍNEZ-RADIO, II, Madrid, 1965, págs. 75 y ss.

GALICIA AIZPURUA, G., "Legado de cosa postganancial", *Cuadernos Civitas de Jurisprudencia Civil,* Nº 54, 2000, pp. 1197-1204.

GARCÍA CANTERO, G., "Ensayo de una clasificación de los legados, en particular en el Código Civil", *Revista Crítica de Derecho Inmobiliario,* Nº 497, 1973, pp. 781-810.

GONZÁLEZ PACANOWSKA, I., "13 de junio de 1994. Donación mortis causa; equiparación al legado. Revocación del legado por enajenación posterior de la cosa legada -expropiación forzosa-, subrogación real. Pago del legado", *Cuadernos Civitas de Jurisprudencia Civil,* Nº 36, 1994, pp. 1135-1144.

GONZÁLEZ PACANOWSKA, I., "Ineficacia de legado. Transformación y enajenación de la cosa legada", *Cuadernos Civitas de Jurisprudencia Civil,* Nº 56, 2001, pp. 527-538.

GONZÁLEZ PACANOWSKA, I., *El legado de cosa ajena: estudio sobre las disposiciones "mortis causa" a título singular en el Código civil,* Montecorvo, Madrid, 1985.

GONZÁLEZ PORRAS, J.M., "El testamento de Don Alonso Quijano, el Bueno", *Boletín de la Real Academia de Córdoba de Ciencias, Bellas Letras y Nobles Artes,* nº 149, 2005 , págs. 227-238.

LACRUZ BERDEJO, J.L. y Otros, *Elementos de Derecho Civil,* V, *Sucesiones,* Dykinson, Madrid, últ. edic.

LASARTE ÁLVAREZ, C., *Principios de Derecho Civil,* tomo VII, *Derecho de sucesiones,* Marcial Pons, Madrid, últ. edic.

LLEDÓ YAGÜE, F. (director), *Compendio de Derecho Civil,* Tomo V, *Derecho de sucesiones,* Dykinson – ADI, Madrid, 2004.

LLEDÓ YAGÜE, Francisco / FERRER VANRELL, María Pilar / TORRES LANA, José Ángel. *El Patrimonio Sucesorio. Reflexiones para un debate reformista.* Tomo I y tomo II. Edit. Dykinson, Madrid, 2015.

LLEDÓ YAGÜE, Francisco / FERRER VANRELL, María Pilar / TORRES LANA, José Ángel / ACHÓN BRUÑÉN, María José. *Estudio sistemático de la Ley de Jurisdicción Voluntaria. Ley 15/2015 de 2 de julio.* Edit. Edit. Dykinson, Madrid, 2016.

LÓPEZ LÓPEZ, J., La regulación del fideicomiso de residuo en el Código Civil. Amplitud de la regulación de la sustitución fideicomisaria de residuo en el Código Civil. El problema de los límites temporales de la sustitución fideicomisaria de residuo.

LÓPEZ LÓPEZ, J., Sustitución fideicomisaria. Nulidad. Carácter de la nulidad de la sustitución fideicomisaria que traspase el límite legal. A.D.C., núm. 3, pp. 503-515. 1950.

LÓPEZ LÓPEZ, J., La regulación del fideicomiso de residuo en el Código Civil, en A.D.C., 1955, págs. 743 y ss.

LÓPEZ, J., La sustitución fideicomisaria de cuantía mínima incierta. A.D.C., núm. 12. 1959. Pp. 1069-1074.

MEDINA ALCOZ, M., "La regulación del legado de cosa ajena en el código civil español: una síntesis de las cuestiones que plantea", *La Notaría*, Nº 17, 2005, pp. 74-112.

MIGUEL TRAVIESAS, Sustituciones hereditarias, en R.D.P., 1927, págs. 404 y ss., y 1928, págs. 1 y ss.

NÚÑEZ MUÑIZ, M.C., *El legado de parte alícuota: su régimen jurídico*, Madrid, Edijus, 2001.

O´CALLAGHAN MUÑOZ, X., *Compendio de Derecho civil* V, *Sucesiones*, Edersa. Madrid, última edición.

OSSORIO SERRANO, J.M., "El legado de deuda", *Anuario de Derecho Civil*, Vol. 38, Nº 4, pp. 941-978.

PUIG I FERRIOL, L., "Interpretación de testamento. Prohibiciones de enajenar. Legitimación activa. Legado condicional. Disposición modal. Fideicomiso particular", *Cuadernos Civitas de Jurisprudencia Civil*, Nº 5, 1984, pp. 1497-1507.

RODRÍGUEZ LÓPEZ, Sustitución fideicomisaria de residuo: su condicionalidad y modalidades. Premoriencia del fideicomisario al fiduciario, en Boletín del Colegio Nacional de Registradores, enero de 1981, págs. 32 y ss.

SÁNCHEZ CALERO, F.J., (coordinador), *Curso de Derecho Civil* IV, *Derecho de familia y sucesiones*, Ed. Tirant lo Blanch, Valencia, ult. edic.

SERRANO GARCÍA, I., "Legado de crédito y legado de liberación", *Revista Crítica de Derecho Inmobiliario*, Nº 508, 1975, pp. 627-644.

TORRALBA SORIANO, V., "Comentario a los arts. 790 a 805", en *Comentario del Código Civil*, 2ª edic, Ministerio de Justicia, Madrid, 1993, págs. 1946 a 1974.

VALLET DE GOYTISOLO, J., Apuntes de Derecho sucesorio (posición y Derecho de los legitimarios en el Código Civil). A.D.C., 1955, p. 624.

VALLET DE GOYTISOLO, J., Estudios de Derecho sucesorio, Montecorvo. 1980. Panorama de Derecho de sucesiones. R.D.P. 1948, pp. 315-348 (Res. en A.D.C., núm. 1, p. 1130. 1948.

VALLET DE GOYTISOLO, J., Fideicomisos a término y condicionales y la cláusula "si sine liberis decesserit" en el Derecho histórico de Castilla y en el Código Civil. A.D.C., vol. IV, fasc. III, pp. 783-860. Madrid, 1956.

VALLET DE GOYTISOLO, J., Imputación de legados otorgados a favor de legitimarios. R.D.N. 1956, pp. 325-329.

VALLET DE GOYTISOLO, J., Interpretación del testamento, facultades al respecto de los contadores-partidores. A.D.C., núm. 18, p. 231, 1965.

VALLET DE GOYTISOLO, J., Sustitución fideicomisaria condicional. Rev. Int. Not. 1960, pp. 165-173.

VENTURA-TRAVESET, El fideicomiso condicional según el Derecho civil positivo y la jurisprudencia, en R.C.D.I, 1935, págs. 335 y ss., y 432 y ss.

YSAS SOLANES, M., "Legado de cosa específica. Concentración parcelaria. Mutación del objeto del legado. Revocación del legado", *Cuadernos Civitas de Jurisprudencia Civil,* Nº 12, 1986, pp. 4017-4030.

Made in the USA
Monee, IL
04 November 2026

67385334R00134